Alex et Zoé + et compagnie

Cahier d'activités

COLETTE SAMSON

Bonjour ! Ça va ? Nous revoilà !

1A

Écris en toutes lettres l'âge des personnages et le tien !

Livre de l'élève p. 2
GP p. 6

---

trente-sept ans / huit ans / cinquante-deux ans /
sept ans / dix ans / neuf ans / quatre ans

Quel âge a Zoé ?   Zoé a ....

Quel âge a Alex ?   Alex a ....

Quel âge a Mamie ?   Mamie a ....

Quel âge a Basile?   Basile a ....

Quel âge a Rodolphe ?   Rodolphe a ....

Quel âge a Croquetout ?   Croquetout a ....

Quel âge a Loulou ?   Loulou a ....

Et toi, tu as quel âge ?   Moi, j'ai ....

1B

Associe les répliques et mets le bon numéro dans les bulles !

Livre de l'élève p. 2
GP p. 6

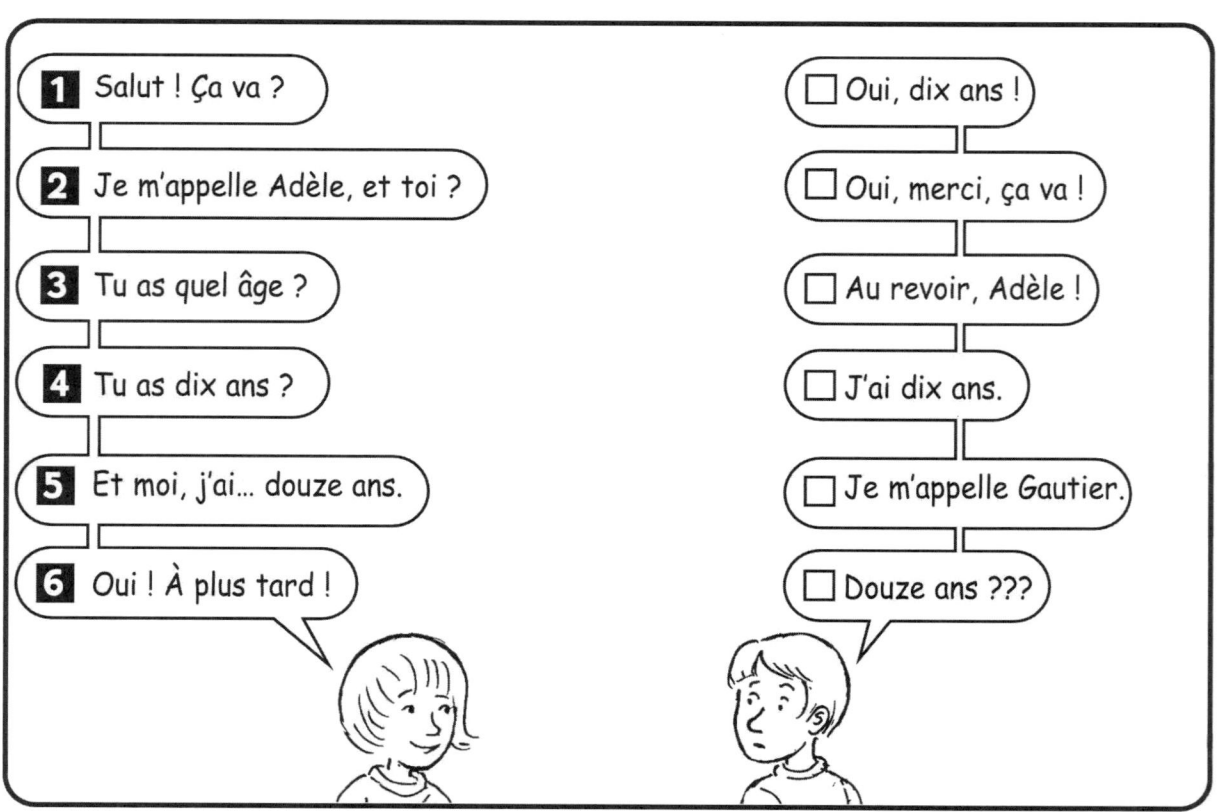

1. Salut ! Ça va ?
2. Je m'appelle Adèle, et toi ?
3. Tu as quel âge ?
4. Tu as dix ans ?
5. Et moi, j'ai… douze ans.
6. Oui ! À plus tard !

☐ Oui, dix ans !
☐ Oui, merci, ça va !
☐ Au revoir, Adèle !
☐ J'ai dix ans.
☐ Je m'appelle Gautier.
☐ Douze ans ???

jouer au tennis - jouer au football - les gâteaux - les frites - un rat - un hamster

Voilà Loulou. Il a sept ans.
Il a ....
Il aime ....
Il aime aussi ....

C'est Ratafia. Elle a ....
Elle a ....
Elle aime ....
Elle aime aussi ....

Regarde et complète les phrases !

Livre de l'élève p. 3
GP p. 8

un hamster - une perruche - un poisson rouge - une tortue - des frites - du fromage - du poulet - des gâteaux - du jus d'orange - du lait - faire la cuisine - dessiner - jouer au football - faire du cheval - jongler - jouer de la guitare - faire du judo - faire du ski - jouer au tennis - faire du vélo - lire - regarder la télévision - aller à la piscine

	toi	ton voisin, ta voisine
Tu as quel âge ?	....	....
Tu as un chat ? un chien ? ...	....	....
Qu'est-ce que tu aimes manger ?	....	....
Qu'est-ce que tu aimes boire ?	....	....
Qu'est-ce que tu sais faire ?	....	....
Qu'est-ce que tu aimes faire ?	....	....
Tu aimes l'école ? Oui ? Non ?	....	....

Réponds, puis interroge ton voisin ou ta voisine !

Livre de l'élève p. 3
GP p. 8

Unité 1 — LEÇON 3

3A

Complète la lettre et adresse-la à un(e) camarade : il ou elle répond à tes questions !

Livre de l'élève p. 4
GP p. 10

frère - veux - fais - as - dors - sœur - prends - regardes - anniversaire

Bonjour .... !
Tu ____ un f_____ ? une s_____ ?
....
Qu'est-ce que tu _____ pour ton _____ ?
....
Qu'est-ce que tu _____ au petit déjeuner ?
....
Qu'est-ce que tu _____ dimanche ? Tu _____
la télévision ? Tu _____ ?
....
Réponds-moi vite !   Salut ! ....

un appareil photo - un ballon - des billes - une guitare - un jeu vidéo - un livre -
une poupée - un robot - des rollers - un stylo - un télescope - un vélo

3B

Lis et numérote les phrases !

Livre de l'élève p. 4
GP p. 10

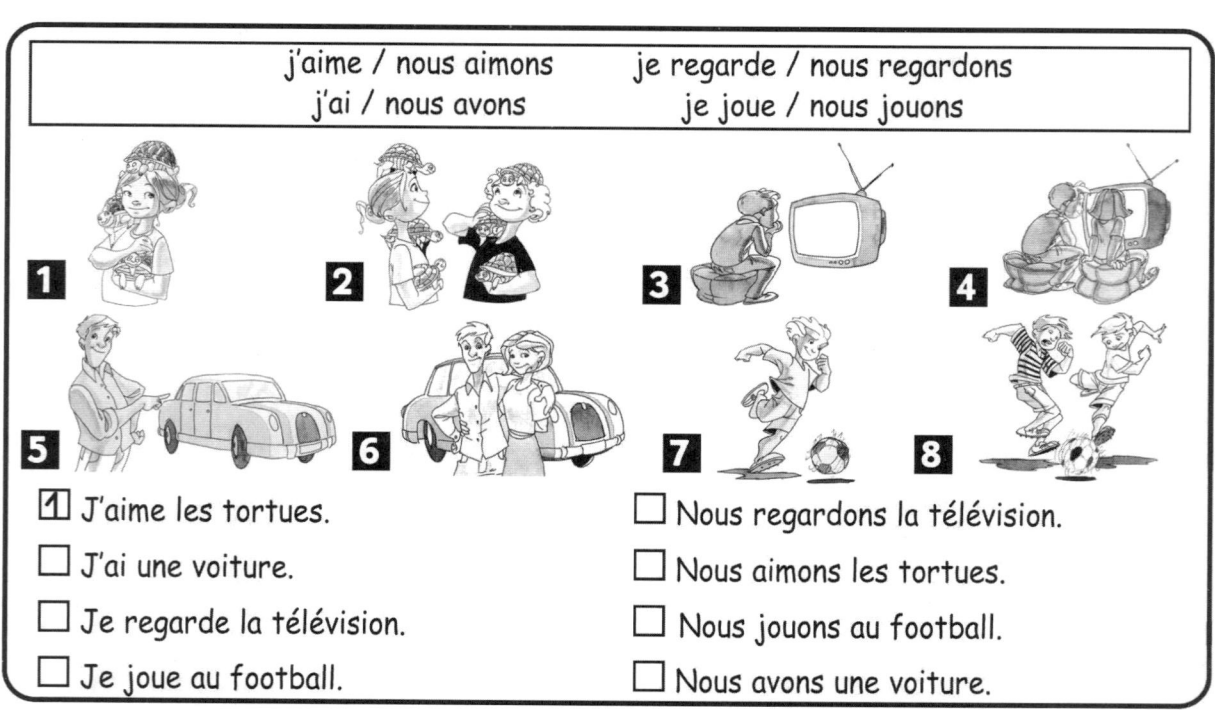

j'aime / nous aimons   je regarde / nous regardons
j'ai / nous avons   je joue / nous jouons

☑ J'aime les tortues.
☐ J'ai une voiture.
☐ Je regarde la télévision.
☐ Je joue au football.

☐ Nous regardons la télévision.
☐ Nous aimons les tortues.
☐ Nous jouons au football.
☐ Nous avons une voiture.

Unité 1 — Leçon 4

Cahier de vie

.... ? .... ?
J'ai neuf ans. J'aime lire et dessiner.

.... ? .... ?
J'aime le chocolat. Je sais jongler.

.... ? .... ?
Je bois du lait. Je mange du pain grillé.

4A

Tu sais poser les questions correspondantes ?

Livre de l'élève p. 5
GP p. 12

Test

MON SCORE : ... /10

4B

Tu sais dire ces mots en français ? Écris-les !

Auto-évaluation, Unité 1

Super !   Pas mal !   À revoir !

4C

Évalue ton travail !

Dico-mémento

4D

Fabrique ton dico-mémento et contrôle ce que tu sais !

Dépêche-toi !

1A

Lis et numérote les phrases !

Livre de l'élève p. 6
GP p. 14

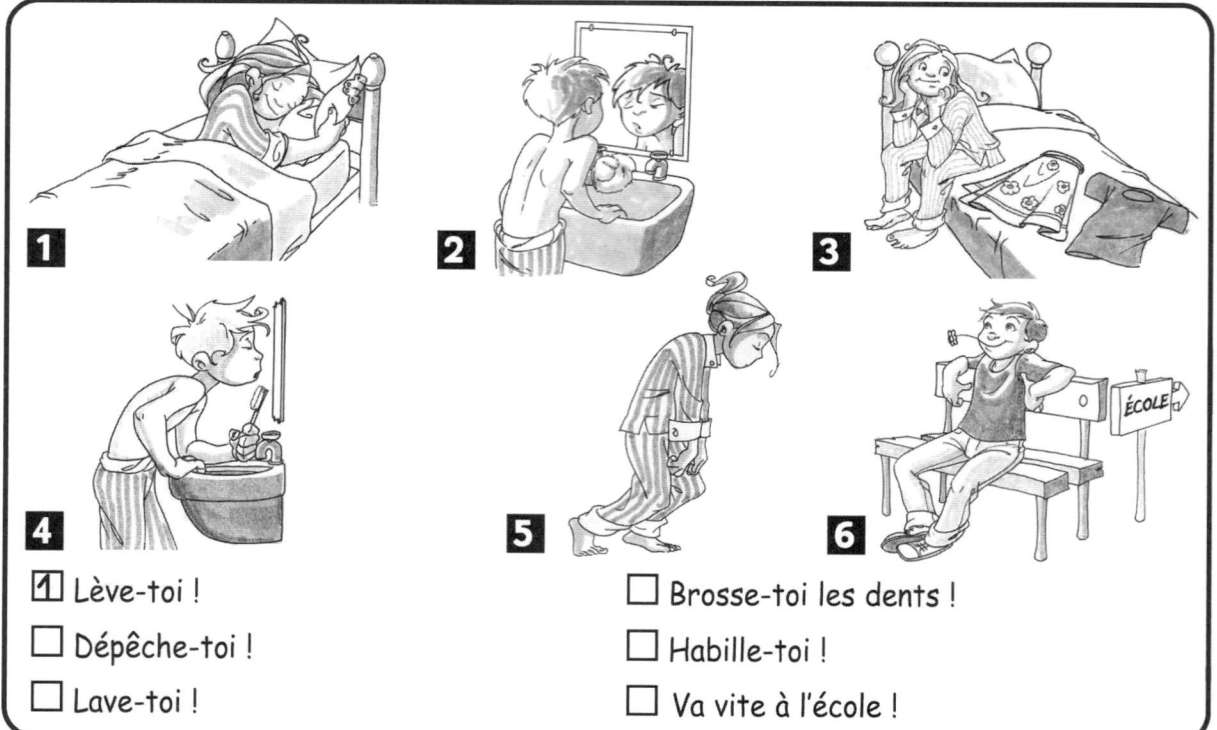

- ☑ Lève-toi !
- ☐ Dépêche-toi !
- ☐ Lave-toi !
- ☐ Brosse-toi les dents !
- ☐ Habille-toi !
- ☐ Va vite à l'école !

1B

Regarde et complète, puis compare avec ton voisin, ta voisine !

Livre de l'élève p. 6
GP p. 14

~~jouer au football~~ - dormir - courir - rêver - lire - danser - sauter - compter - faire du roller - jouer aux billes - faire du vélo - dessiner - prendre le bus - écouter de la musique - jouer au tennis - regarder la télévision - secouer les bras - jouer de la flûte

Je voudrais bouger !

Je voudrais jouer au football ....
....
....
....
....

Je voudrais ne pas bouger !

Je voudrais ....
....
....
....
....

2A

Complète ton agenda et compare avec ton voisin, ta voisine !

Livre de l'élève p. 7
GP p. 16

~~je me lève~~ - je me brosse les dents - je me lave -
je prends mon petit déjeuner - je vais à l'école - je m'habille

À ☐ je me lève.   À ☐ je me ....

À ☐ je me ....   À ☐ je m' ....

À ☐ je ....   À ☐ je ....

2B

Dessine l'heure qu'il est !

Livre de l'élève p. 7
GP p. 16

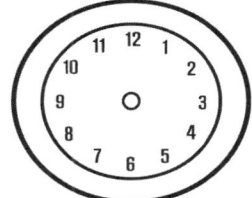 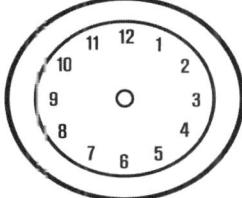 

Il est huit heures cinq.   Il est neuf heures vingt.   Il est trois heures quarante.

Il est six heures trente-cinq.   Il est deux heures dix.   Il est dix heures quinze.

Il est une heure cinquante.   Il est sept heures vingt-cinq.   Il est onze heures trente.

Unité 2 — Leçon 3

3A

Écris l'heure qu'il est !

Livre de l'élève p. 8
GP p. 18

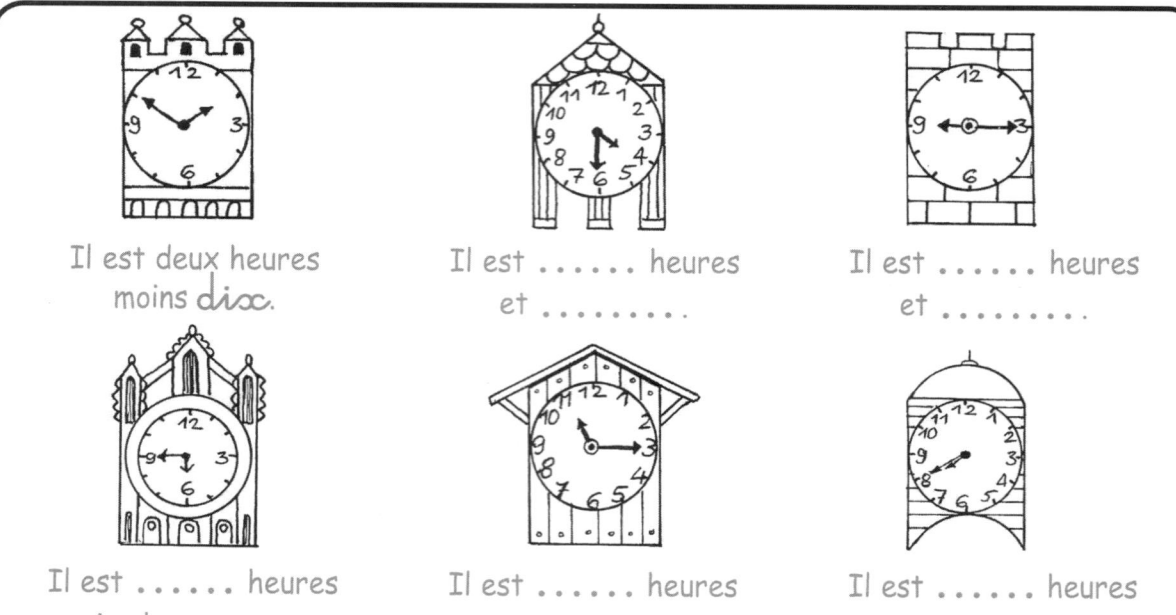

Il est deux heures moins *dix*.

Il est ...... heures et ....

Il est ...... heures et ....

Il est ...... heures moins le ....

Il est ...... heures et ....

Il est ...... heures moins ....

3B

Lis et dessine les heures !

Livre de l'élève p. 8
GP p. 18

Aujourd'hui, c'est dimanche ! Je me réveille à neuf heures et demie et je me lève à dix heures. Je prends mon petit déjeuner à dix heures et quart. J'écoute de la musique à onze heures moins le quart. Je regarde la télévision à onze heures et demie. Et je m'habille à une heure dix !

Cahier de vie

Tu te lèves à quelle heure ?

Tu prends ton petit déjeuner à quelle heure ?

Tu vas à l'école à quelle heure ?

Tu sais répondre à ces questions ?

Livre de l'élève p. 9
GP p. 20

Test

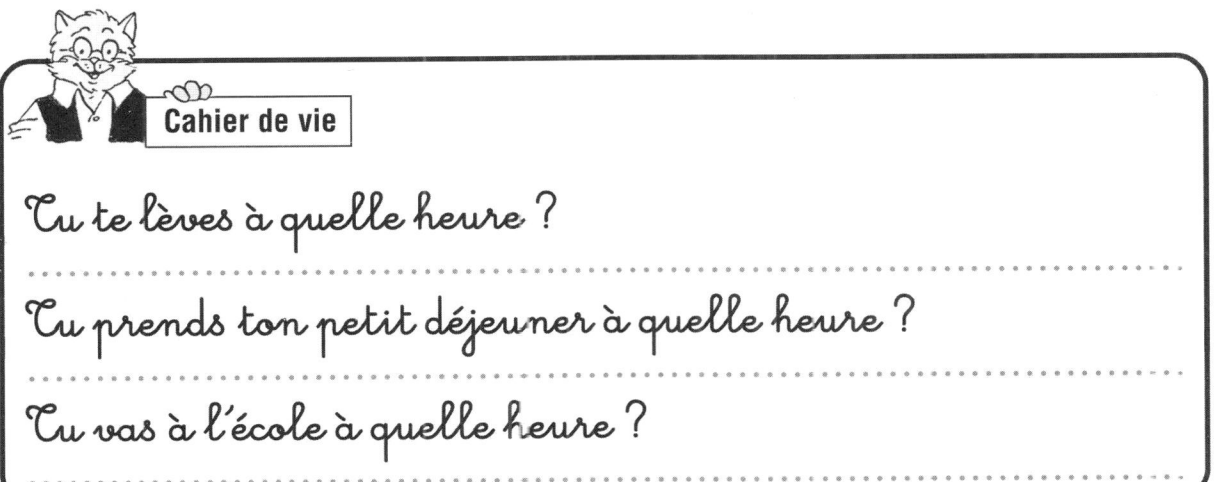

Tu sais donner ces consignes et dire l'heure qu'il est en français ?
Écris !

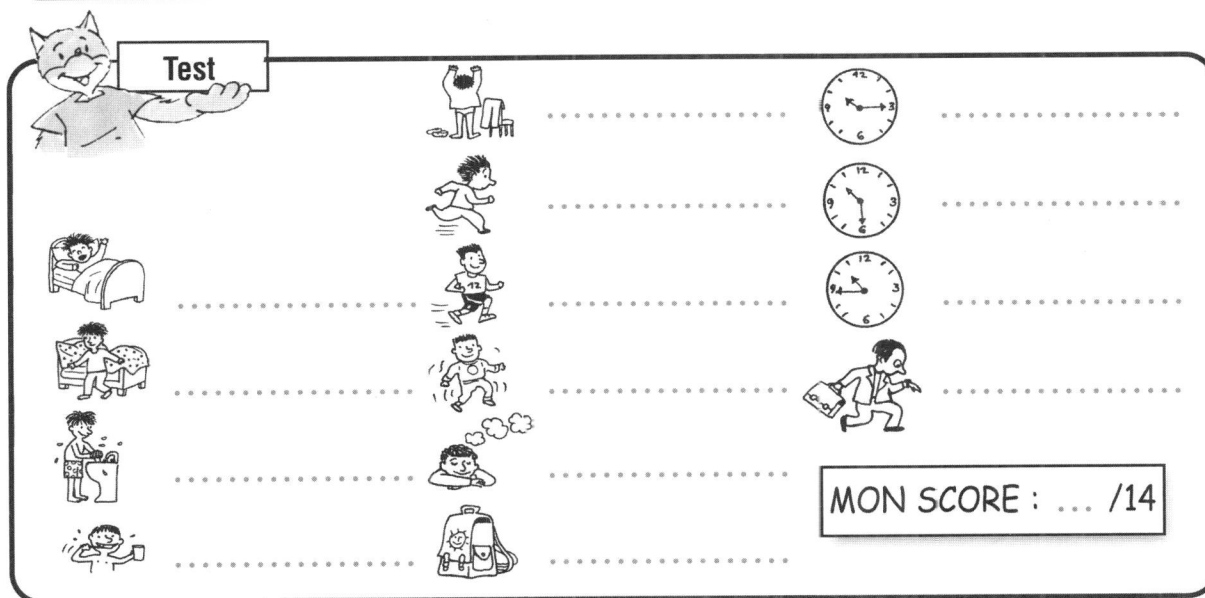

MON SCORE : ... /14

Auto-évaluation, Unité 2

Évalue ton travail !

Dico-mémento

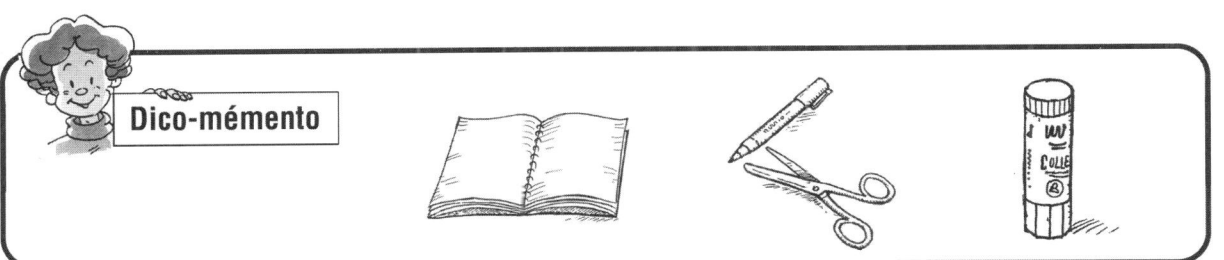

Découpe les mots et colle-les, puis contrôle ce que tu sais !

Tu aimes l'école ?

1A

Dessine et écris ce que tu adores, aimes et détestes !

Livre de l'élève p. 10
GP p. 22

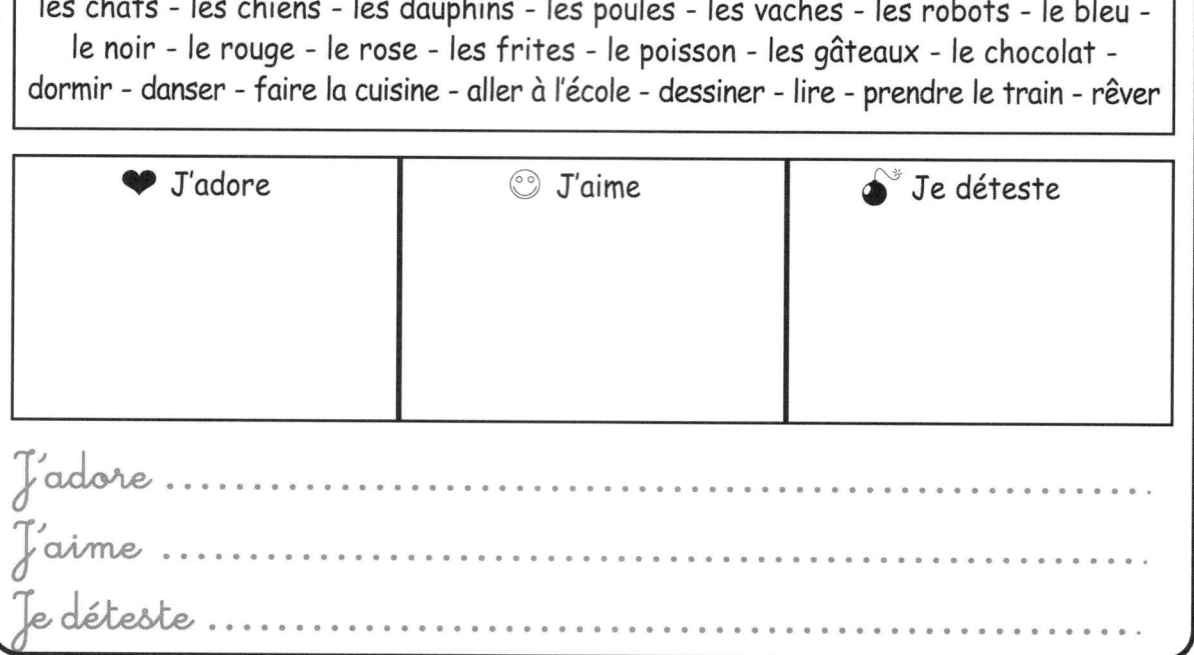

1B

Mets les lettres dans l'ordre, relie les mots aux dessins et écris-les !

Livre de l'élève p. 10
GP p. 22

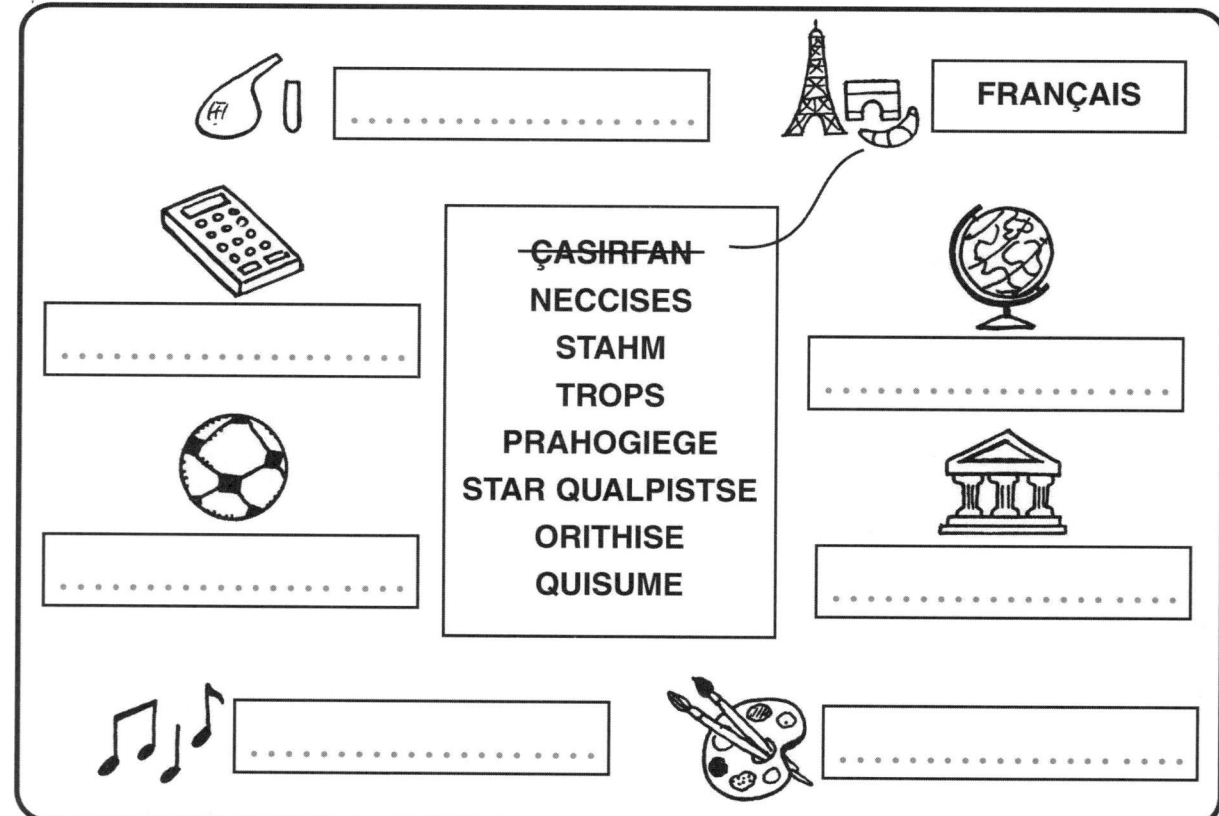

Mon emploi du temps						
Horaires	**Lundi**	**Mardi**	**Mercredi**	**Jeudi**	**Vendredi**	**Samedi**

Le ……… j'ai …………… à ……… J'adore ………………………

Le ……… j'ai …………… à ……… J'aime ………………………

Le ……… j'ai …………… à ……… Je déteste ……………………

Le vendredi, j'ai ………… à ……… J…………………………………

Complète ton emploi du temps réel ou imaginaire !

Livre de l'élève p. 11
GP p. 24

Il est sept heures à New York. Quelle heure est-il à… ?

Moscou   San Francisco   Pékin

Il est ……… heures. ………………………… ……………………

Nairobi   Oslo   Sydney

………………………………………………………………

Regarde les fuseaux horaires dans le livre et réponds aux questions !

Livre de l'élève p. 11
GP p. 24

Unité 3 — Leçon 2

Vrai ou faux ?
Vrai = V
Faux = F

Livre de l'élève p. 12
GP p. 26

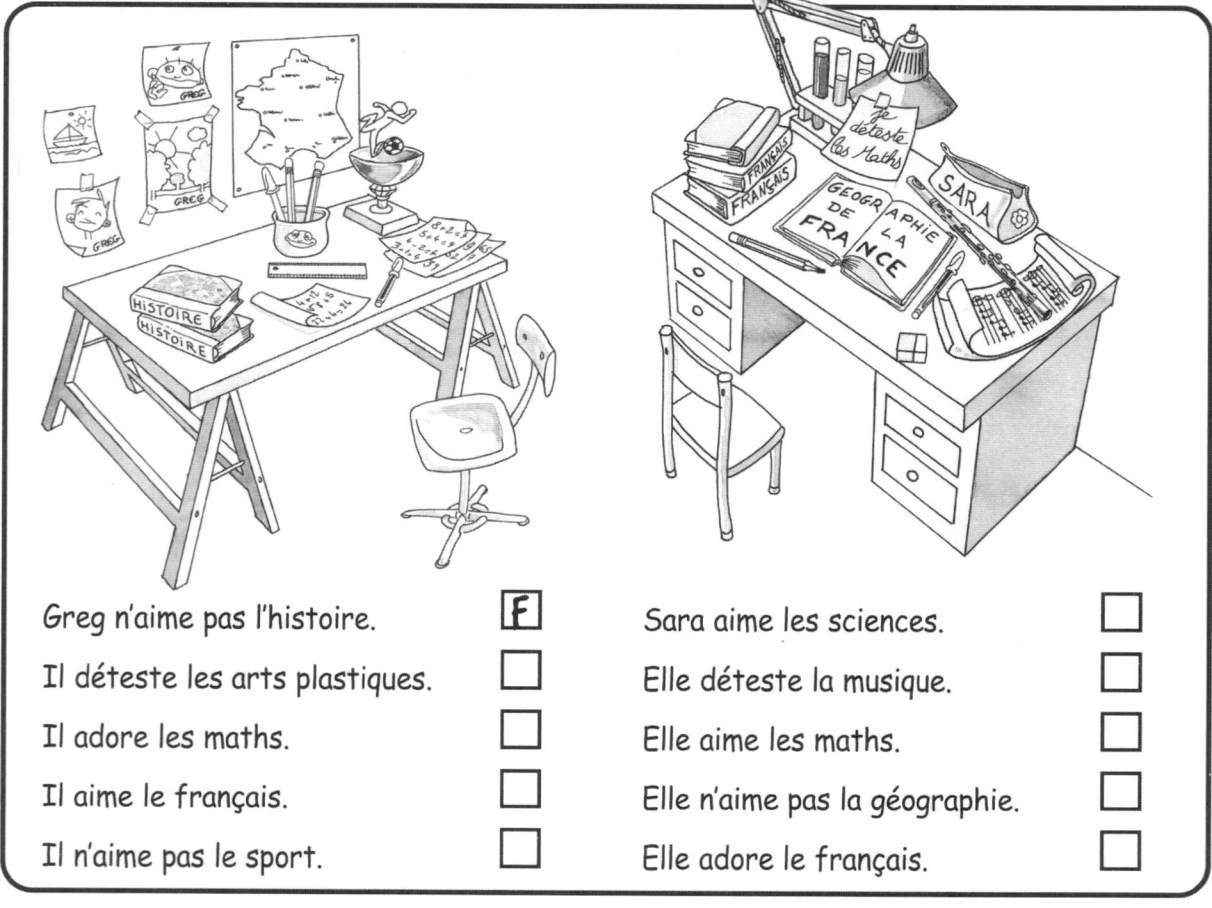

Greg n'aime pas l'histoire. **F**
Il déteste les arts plastiques. ☐
Il adore les maths. ☐
Il aime le français. ☐
Il n'aime pas le sport. ☐

Sara aime les sciences. ☐
Elle déteste la musique. ☐
Elle aime les maths. ☐
Elle n'aime pas la géographie. ☐
Elle adore le français. ☐

Réponds et interviewe un(e) camarade !

Livre de l'élève p. 12
GP p. 26

Tu adores les maths ? Tu aimes le sport ? Tu détestes la géographie ?

MOI									
♥									
☺									
💣									
Mon voisin, ma voisine									
♥									
☺									
💣									

Unité 3 — LEÇON 4

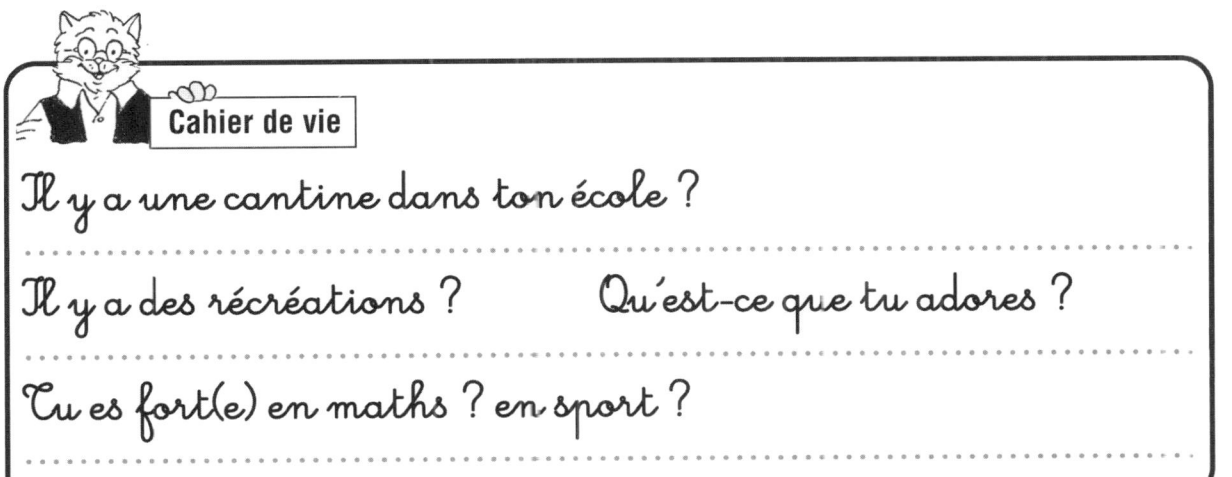

Cahier de vie

Il y a une cantine dans ton école ?

Il y a des récréations ?   Qu'est-ce que tu adores ?

Tu es fort(e) en maths ? en sport ?

4A

Tu sais répondre à ces questions ?

Livre de l'élève p. 13
GP p. 28

Test

MON SCORE : ... /14

4B

Tu sais dire ces mots en français ? Écris-les !

Auto-évaluation, Unité 3

Super !   Pas mal !   À revoir !

4C

Évalue ton travail !

Dico-mémento

4D

Découpe les mots et colle-les, puis contrôle ce que tu sais !

Qui est-ce ?

Complète les bulles !

| papa | maman | papi | mamie | tata | sœur | frère |

C'est mon .... !

C'est mon .... !

C'est mon .... !

C'est ma .... !

C'est ma .... !

C'est ma petite .... !

C'est ma .... !

Relie les mots !

Livre de l'élève p. 16
GP p. 30

maman	la grand-mère
papa	l'oncle
mamie	le père
tonton	la tante
tata	la mère
papi	le grand-père

14

janvier - février - mars - avril - mai - juin - juillet - août - septembre - octobre - novembre - décembre

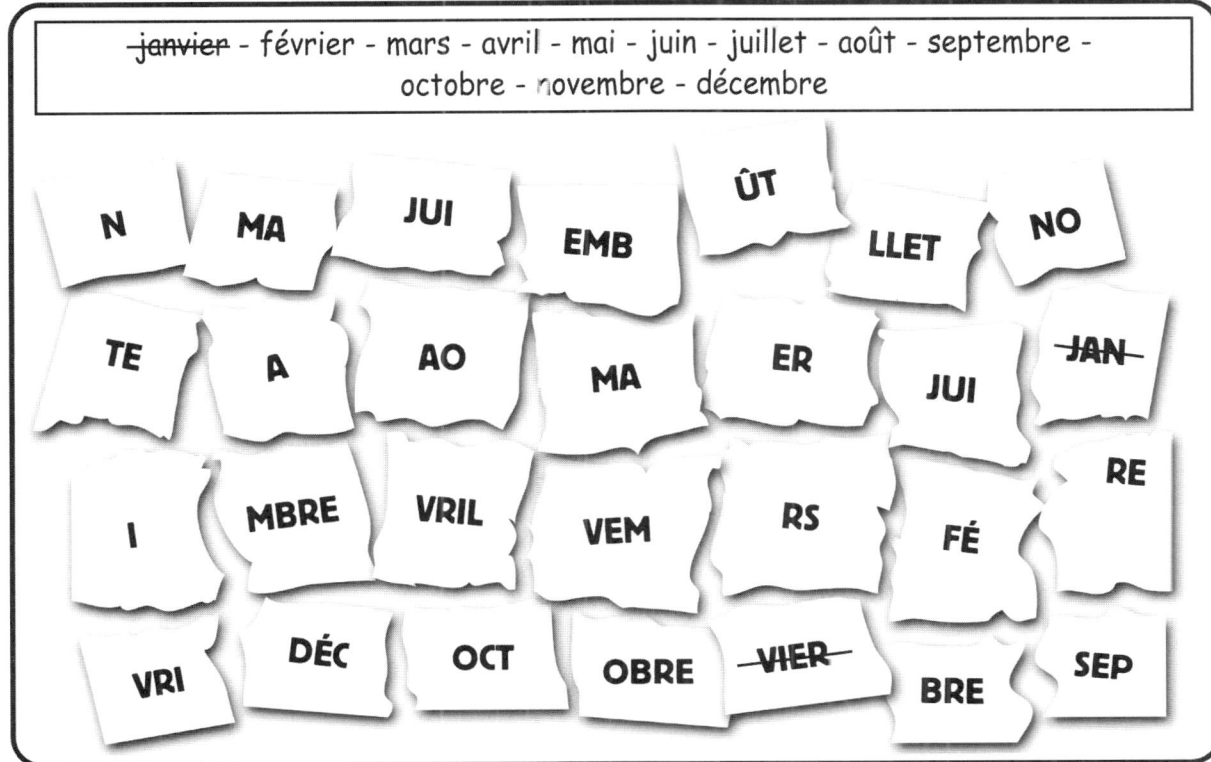

Retrouve les noms des mois !

Livre de l'élève p. 17
GP p. 32

Tu es né(e) quand ? En janvier ?			
Janvier	Février	Mars	Avril
....	....	....	....
....	....	....	....
....	....	....	....
Mai	Juin	Juillet	Août
....	....	....	....
....	....	....	....
....	....	....	....
Septembre	Octobre	Novembre	Décembre
....	....	....	....
....	....	....	....
....	....	....	....

Va interviewer tes camarades et écris leur nom !

Livre de l'élève p. 17
GP p. 32

3A

Écris les âges !

Livre de l'élève p. 18
GP p. 34

| ~~cinquante-sept~~ | soixante et un | soixante-trois | soixante-dix |
| soixante-treize | quatre-vingt-un | quatre-vingt-dix | quatre-vingt-onze | cent |

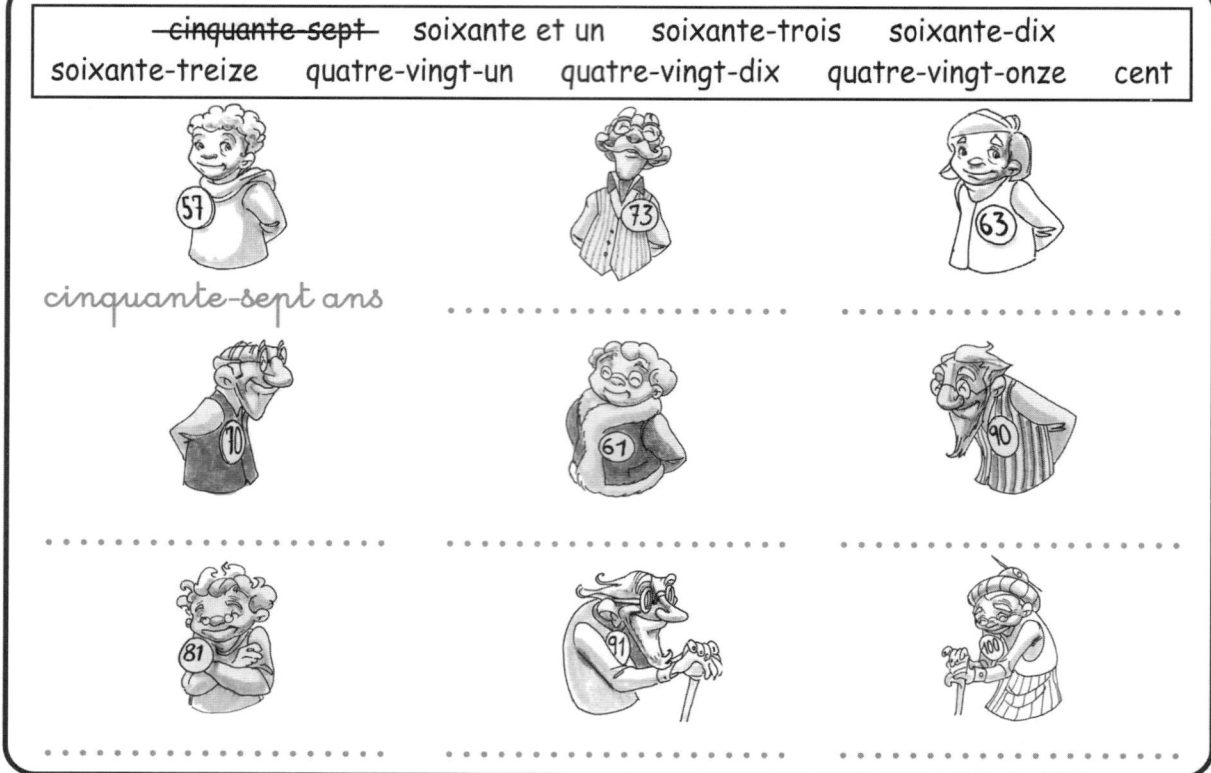

cinquante-sept ans ....

....

....

3B

Écris une lettre et adresse-la à ton ou ta camarade !

Dessine le mois que tu préfères !

Livre de l'élève p. 18
GP p. 34

Bonjour .... !
Je suis né(e) le .... Et toi ?
Ma .... est née le .... Elle a .... ans.
Mon .... est né le .... Il a .... ans.
....
Je préfère le mois de .... Toi aussi ?

À plus tard !
....

Cahier de vie

Tu es né(e) quand ?
....

Quel âge a ton grand-père ? ton oncle ? ta sœur ?
....

Tu sais répondre à ces questions ?

Livre de l'élève p. 19
GP p. 36

Test

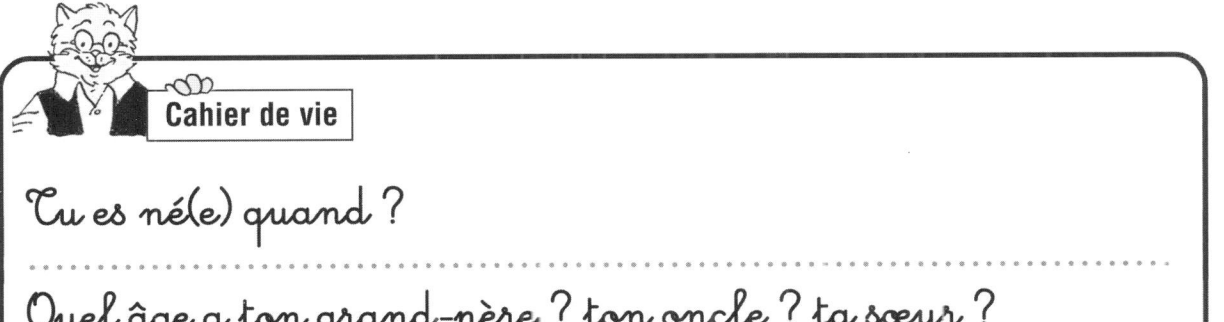

| 50 .... | 60 .... | 70 .... |
| 80 .... | 90 .... | 100 .... |

MON SCORE : … /18

Tu sais dire les noms des membres de ta famille en français ?

Tu sais dire ces mois de l'année ?

Tu sais dire ces nombres ?

Écris-les !

Auto-évaluation, Unité 4

Super !   Pas mal !   À revoir !

Évalue ton travail !

Dico-mémento

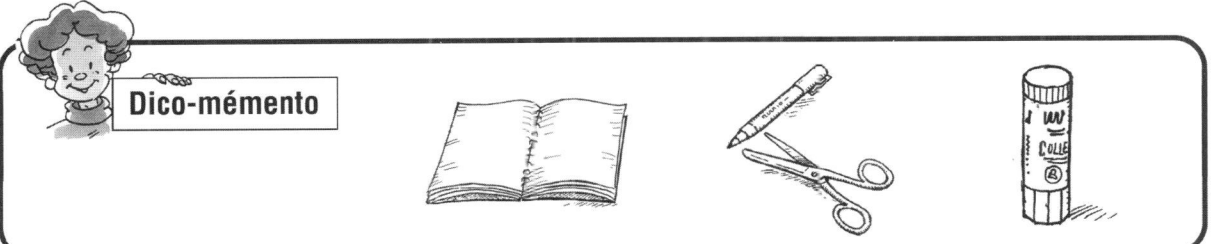

Découpe les mots et colle-les, puis contrôle ce que tu sais !

Quel temps fait-il ?

1A

Écris !

Livre de l'élève p. 20
GP p. 38

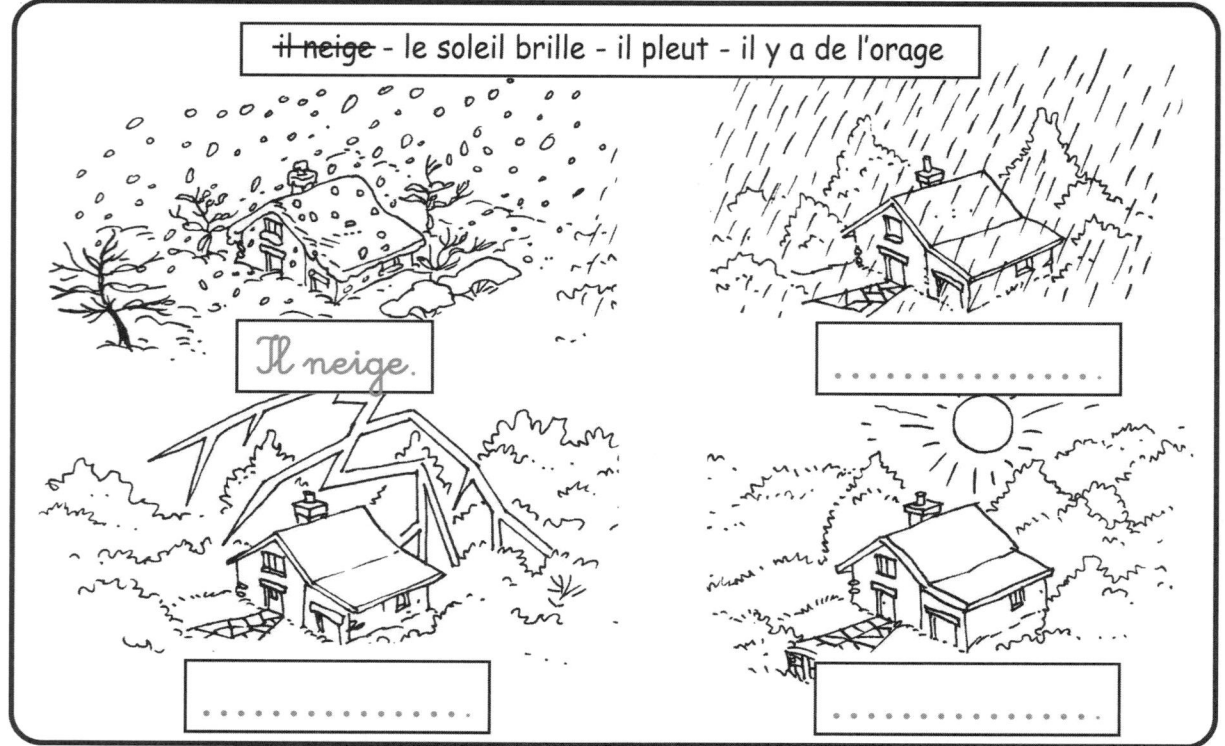

il neige - le soleil brille - il pleut - il y a de l'orage

Il neige.

1B

Complète les bulles !

Livre de l'élève p. 20
GP p. 38

j'adore - je déteste - le soleil - la pluie - la neige - le vent - l'orage - le froid

```
D Q W S O L E I L A
K E R P U L L L P U
C A C H A U D U A J
M H V E V K R N R O
N A A R M E F E A U
E M I P I B N T P R
I B X V E L R T L D
G E N O R A G E U H
E A O U T Z U S I U
J U I L L E T W E I
```

→ chaud, orage, juillet, pull, août, soleil

↓ beau, lunettes, aujourd'hui, parapluie, neige

↗ janvier, mars

↘ décembre, vent, chapeau, avril, mai

2A

Retrouve les mots et entoure-les dans la grille !

Livre de l'élève p. 21
GP p. 40

---

prends - bottes - marche - piscine - parapluie - mets - jus - fais - joue - lunettes - bois - regarde - pull - chocolat - ski - courir

- Il pleut ! → Prends ton .... ! Mets tes .... !
- Il fait froid ! → .... un .... ! Bois du .... chaud !
- Il fait chaud ! → .... un .... d'orange ! Va à la .... !
- Il neige ! → .... dans la neige ! .... du .... !
- Le soleil brille ! → .... dans le jardin. Mets tes .... de soleil !
- Il fait du vent ! → .... les nuages .... !

2B

Complète les phrases !

Livre de l'élève p. 21
GP p. 40

3A

Regarde et écris !

Livre de l'élève p. 22
GP p. 42

~~il fait chaud~~ - il neige - le soleil brille - il fait du vent
il va pleuvoir - il va faire froid - il va faire beau - il va y avoir de l'orage

| Aujourd'hui *il fait chaud.* | Demain .... | Aujourd'hui .... | Demain .... |
| Aujourd'hui .... | Demain .... | Aujourd'hui .... | Demain .... |

3B

Complète la lettre (voir 1A, 1B, 3A) et adresse-la à ton ou ta camarade !

Livre de l'élève p. 22
GP p. 42

mon bonnet - mes bottes - mon pull - mon chapeau - mes lunettes - mon parapluie -
je fais du roller - je fais du vélo - je vais à la piscine - je dessine dans ma chambre
- je regarde la télévision - je lis un livre - je fais du ski - je marche - etc.

Bonjour .... !

Aujourd'hui, ... Il fait ....

— C'est super ! J'adore .... !*

— Ça va mal ! Je déteste .... !*

Je mets m .... et je prends m ....

Je .... et je ....

Et toi, qu'est-ce que tu fais ?

Réponds-moi vite !

*(choisis !)   Amitiés ....

Unité 5 — LEÇON 4

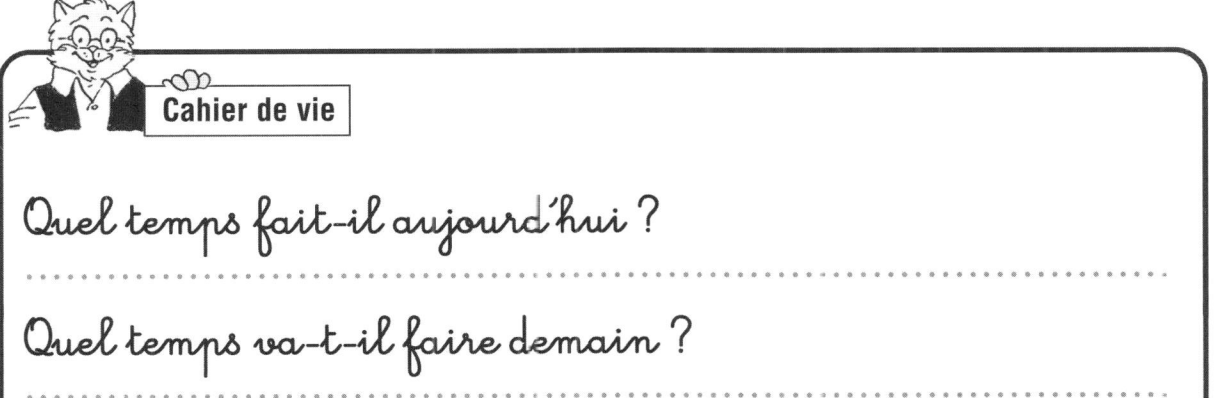

Cahier de vie

Quel temps fait-il aujourd'hui ?
....

Quel temps va-t-il faire demain ?
....

4A

Tu sais répondre à ces questions ?

Livre de l'élève p. 23
GP p. 44

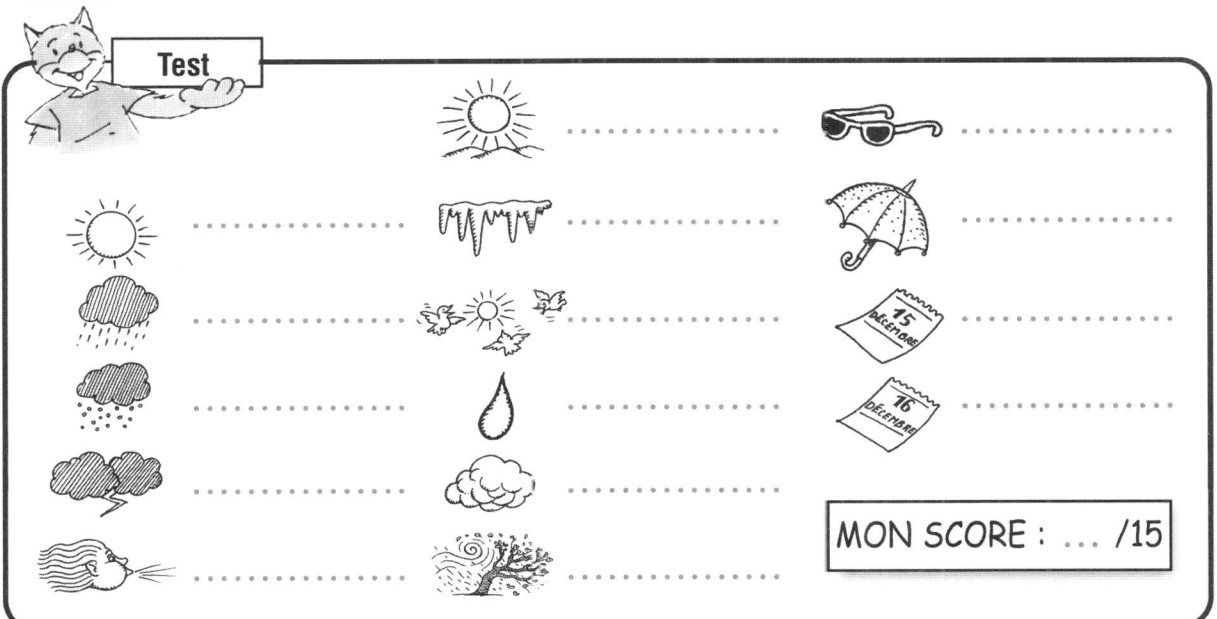

Test

MON SCORE : … /15

4B

Tu sais dire ces mots et le temps qu'il fait en français ?
Oui ? Écris-les !

Auto-évaluation, Unité 5

 Super !    Pas mal !    À revoir !

4C

Évalue ton travail !

 **Dico-mémento**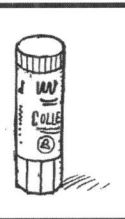

4D

Découpe les mots et colle-les, puis contrôle ce que tu sais !

Comment vas-tu ?

1A

Écris !

Livre de l'élève p. 24
GP p. 46

~~chaud~~   froid   faim   soif   peur

Elle a chaud.   Il............   ....

....

1B

Complète le texte !

Livre de l'élève p. 24
GP p. 46

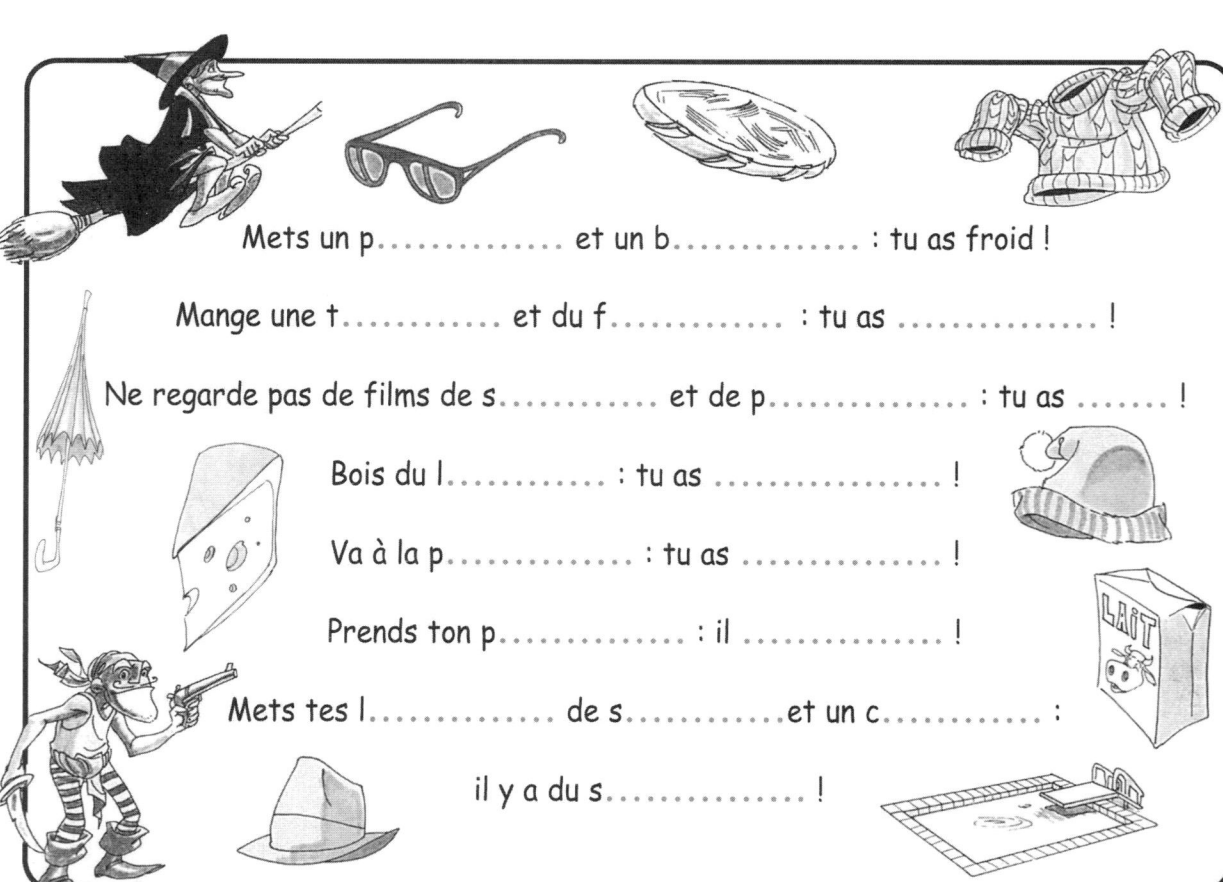

Mets un p............ et un b............ : tu as froid !

Mange une t............ et du f............ : tu as .... !

Ne regarde pas de films de s............ et de p............ : tu as .... !

Bois du l............ : tu as .... !

Va à la p............ : tu as .... !

Prends ton p............ : il .... !

Mets tes l............ de s............ et un c............ : il y a du s............ !

2A

Lis et écris les numéros !

Livre de l'élève p. 25
GP p. 48

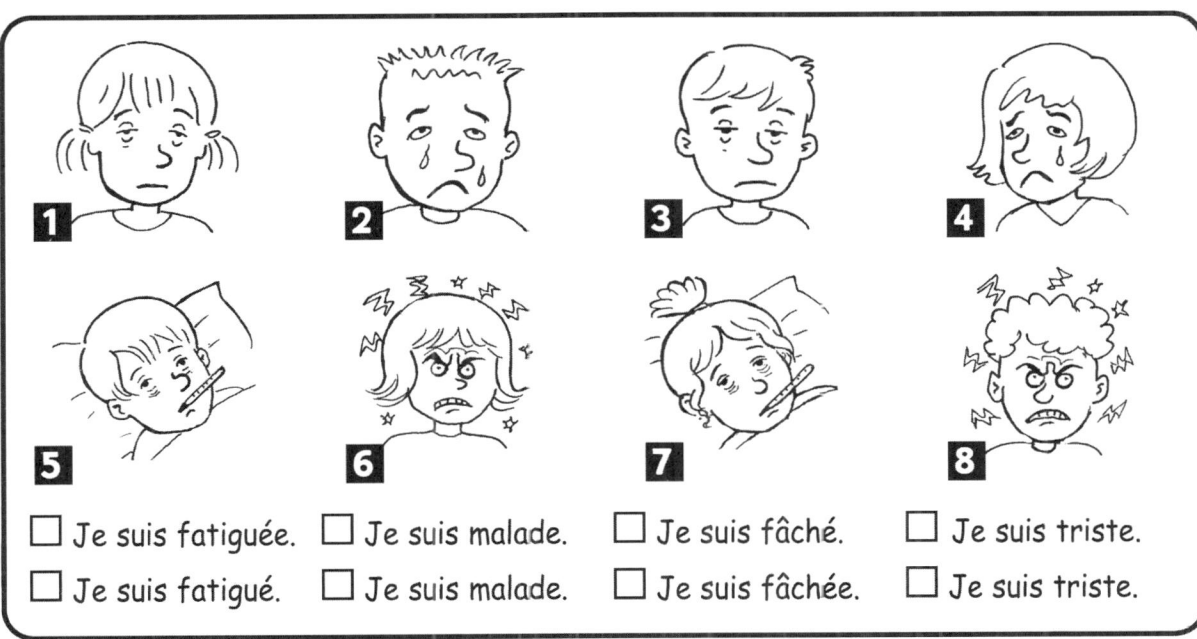

☐ Je suis fatiguée. ☐ Je suis malade. ☐ Je suis fâché. ☐ Je suis triste.
☐ Je suis fatigué.   ☐ Je suis malade. ☐ Je suis fâchée. ☐ Je suis triste.

2B

Complète les phrases et compare avec ton voisin, ta voisine !

Livre de l'élève p. 25
GP p. 48

~~je suis fatigué(e)~~ - je suis malade - je suis triste - je suis fâché(e) - j'ai soif - j'ai froid - j'ai chaud - j'ai faim - j'ai peur - je vais bien

- Tu as froid ?   — Non, je n'ai pas froid, je suis *fatigué* !
- Tu as chaud ?   — Non, je n'ai pas chaud, je suis ………… !
- Tu as faim ?   — Non, je n'ai pas faim, je ………… !
- Tu as peur ?   — Non, je n'ai pas peur, ………… !
- Tu es triste ?   — Non, je ne suis pas ………… !
- Tu as soif ?   — Non, je n'ai ………… !
- Tu es fatigué ?   — Non, je ne ………… !
- Tu es malade ?   — Non, je ………… !
- Tu es fâché ?   — Non, ………… !

3A

Relie les mots au dessin !

Livre de l'élève p. 26
GP p. 50

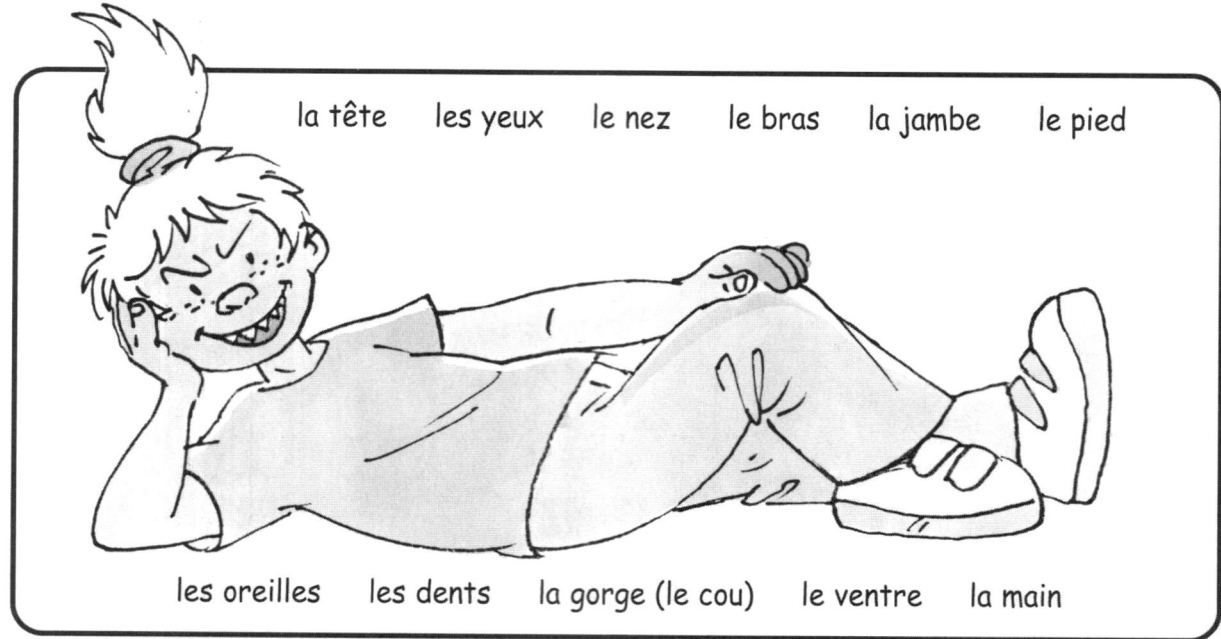

la tête   les yeux   le nez   le bras   la jambe   le pied

les oreilles   les dents   la gorge (le cou)   le ventre   la main

3B

Lis et numérote les phrases !

Livre de l'élève p. 26
GP p. 50

[7] J'ai mal au nez. ☐ J'ai mal au pied. ☐ J'ai mal aux dents. ☐ J'ai mal au bras.
☐ J'ai mal au ventre. ☐ J'ai mal à la jambe. ☐ J'ai mal aux oreilles.
☐ J'ai mal aux yeux. ☐ J'ai mal à la gorge. ☐ J'ai mal à la tête.

 **Cahier de vie**

Comment vas-tu aujourd'hui ? Tu as froid ?
Tu as chaud ? Tu as faim ? Tu es fatigué(e) ?

....

Tu as mal à la tête ? au ventre ? Tu vas bien ?

....

Tu sais répondre à ces questions ?

Livre de l'élève p. 27
GP p. 52

Test

MON SCORE : ... /14

Tu sais dire ces phrases en français ?
Écris-les !

Auto-évaluation, Unité 6

  Super !  Pas mal !  À revoir !

Évalue ton travail !

 **Dico-mémento**

Découpe les mots et colle-les, puis contrôle ce que tu sais !

25

Qu'est-ce que tu vas faire ?

Complète les bulles !

Livre de l'élève p. 30
GP p. 54

je vais jouer au foot - je vais faire du cheval - je vais visiter Paris - je vais jouer au tennis - je vais faire du vélo - je vais faire du judo

Range les verbes à leur place !

Livre de l'élève p. 30
GP p. 54

~~je suis~~ - tu vas - tu as - tu es - je veux - elle sait - il va - il a - vous avez - vous savez - nous voulons - je sais - je vais - vous voulez - nous sommes - tu veux - nous savons - nous allons - elle est - j'ai - nous avons - vous êtes - elle veut - tu sais - vous allez

être	aller	vouloir	avoir	savoir
Je suis.	....	....	....	....
Tu	....	....	....	....
Elle	Il	....	....	....
Nous	....	....	....	....
Vous	....	....	....	....

+ PLUS — MOINS

en Afrique - en Norvège - en France - en Angleterre - en Chine - en Égypte - en Russie

Il fait plus beau en............ !
Il fait moins froid en............ !
Il fait plus chaud en............ !

Il y a moins de soleil en .... !
Il pleut plus en............ !
Il neige plus en............ !

2A

Complète les phrases ! Attention ! Il y a un "intrus" !

Livre de l'élève p. 31
GP p. 56

---

manger - travailler - écouter - regarder la télévision - faire du sport - marcher à pied - prendre la voiture - lire - faire du vélo - jouer - bouger - faire du roller - dormir - etc.

Bonjour .... !

Je vais plus .... et plus ....

Je vais moins .... et moins ....

Je vais plus .... et moins ....

Et toi ? Qu'est-ce que tu vas faire ?

Amitiés !

....

2B

Écris une lettre et adresse-la à ton ou ta camarade !

Livre de l'élève p. 31
GP p. 56

3A

Relie les mots aux dessins !

Livre de l'élève p. 32
GP p. 58

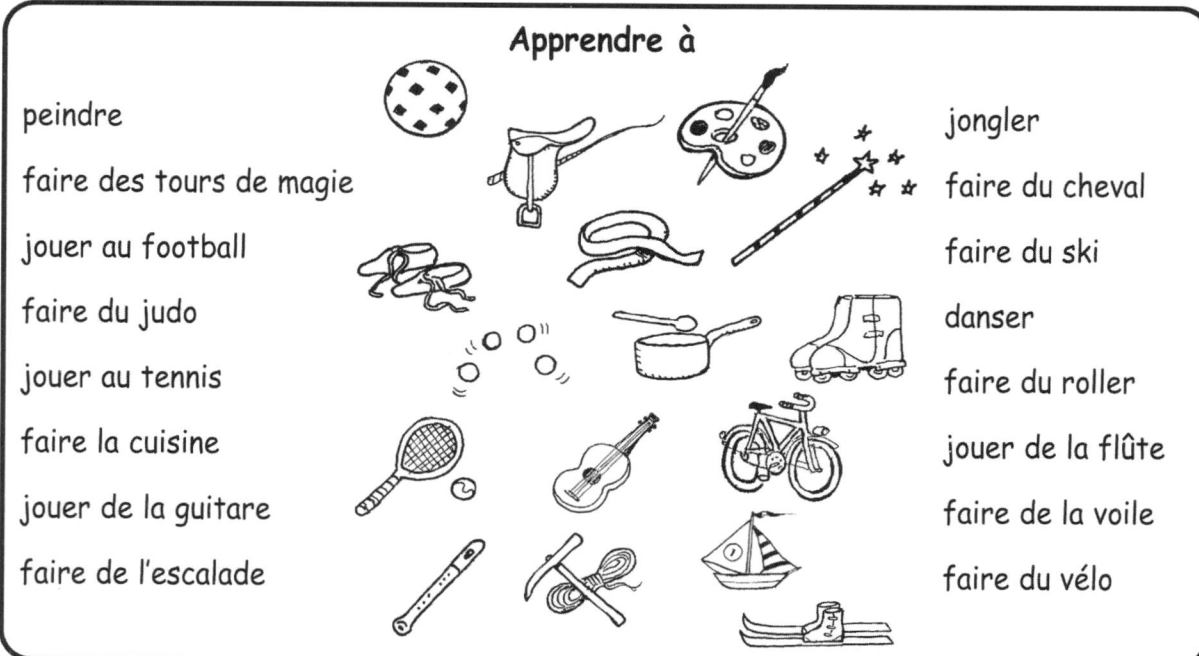

Apprendre à

peindre
faire des tours de magie
jouer au football
faire du judo
jouer au tennis
faire la cuisine
jouer de la guitare
faire de l'escalade

jongler
faire du cheval
faire du ski
danser
faire du roller
jouer de la flûte
faire de la voile
faire du vélo

3B

Va interviewer tes camarades et écris !

Livre de l'élève p. 32
GP p. 58

Prénoms									autre
....									
....									
....									
....									
....									

Qu'est-ce que tu vas apprendre à faire ?

.... va apprendre à ....
.... va apprendre à ....
.... va apprendre à ....
.... va apprendre à ....
.... va apprendre à ....

Cahier de vie

Tu vas faire plus de sport ? Tu vas lire plus ?
....

Qu'est-ce que tu vas apprendre à faire ?
....

Tu sais répondre à ces questions ?

Livre de l'élève p. 33
GP p. 60

Test

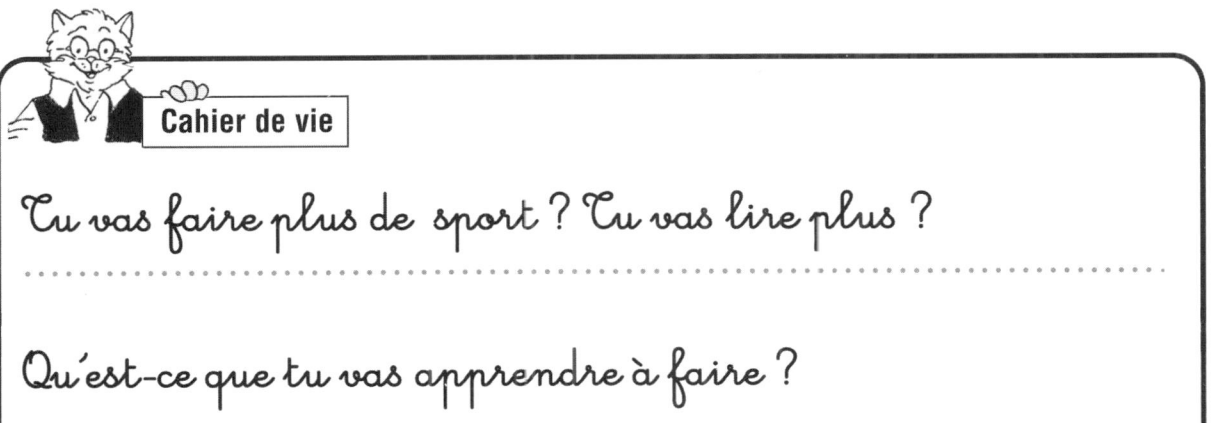

Tu sais dire ces mots en français ? Écris-les !

MON SCORE : ... /12

Auto-évaluation, Unité 7

Super !   Pas mal !   À revoir !

Évalue ton travail !

Dico-mémento

Découpe les mots et colle-les, puis contrôle ce que tu sais !

Est-ce que je peux avoir un sandwich ?

1A

Relie les mots aux dessins !

Livre de l'élève p. 34
GP p. 62

Table 12

un œuf - un fromage
un mouton - un poisson
une salade - des frites
une pomme - une banane
une orange - un abricot
une pêche - une poire
un pain - un poulet
une tartine - un café au lait
un croissant - un gâteau

1B

Écris les mots et colorie les dessins !

Livre de l'élève p. 34
GP p. 62

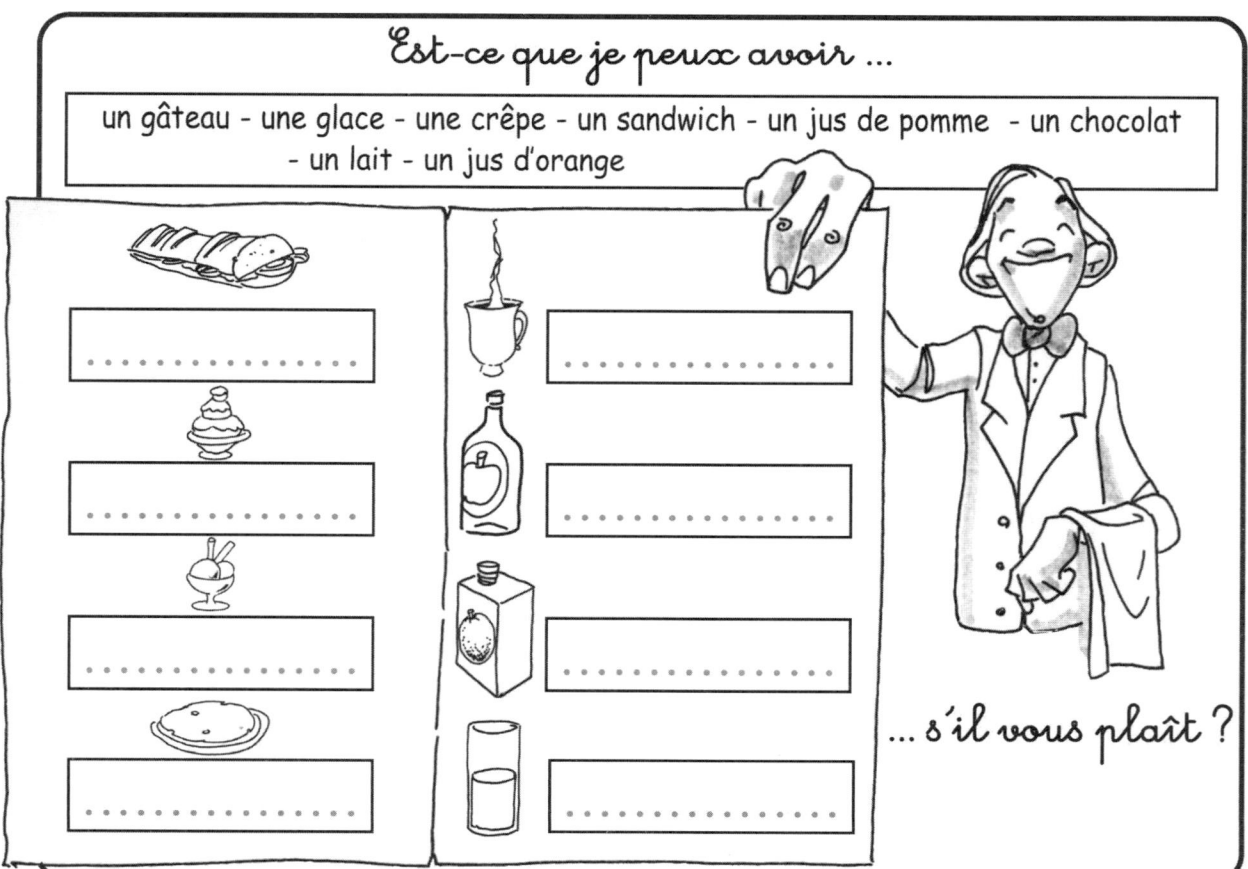

Est-ce que je peux avoir ...

un gâteau - une glace - une crêpe - un sandwich - un jus de pomme - un chocolat - un lait - un jus d'orange

... s'il vous plaît ?

30

Coche ce que tu veux et écris ta commande !

Livre de l'élève p. 35
GP p. 64

un sandwich - une quiche - des frites - une salade - une eau minérale - un jus - un coca - un lait - une glace - une tarte - un gâteau - une crêpe

Menu

Sandwiches, quiches, salades
- Sandwich au poulet ☐
- Sandwich aux tomates et aux œufs ☐
- Sandwich au fromage ☐
- Frites ☐
- Quiche au fromage ☐
- Quiche au poulet ☐
- Salade verte ☐
- Salade de tomates ☐

Boissons
- Eau minérale ☐
- Jus d'orange ☐
- Jus de pomme ☐
- Coca ☐
- Lait ☐

Desserts
- Glace à la banane ☐
- Glace au citron ☐
- Glace à la fraise ☐
- Glace à la pêche ☐
- Glace à la poire ☐
- Glace à la vanille ☐
- Glace au chocolat ☐
- Glace au café ☐
- Tarte aux pommes ☐
- Tarte aux poires ☐
- Tarte aux fraises ☐
- Gâteau au chocolat ☐
- Crêpe à la confiture ☐

Je voudrais un(e) ...., ...
et .... !

Dessine et écris !

Livre de l'élève p. 35
GP p. 64

Mon sandwich

Dans mon sandwich, je voudrais

des ....,

de la ....,

du ....,

et ....

Miam !

3A

Complète le texte !

Livre de l'élève p. 36
GP p. 66

La recette des crêpes

Tu as besoin de 250 grammes de *farine*, 3 ……………, un demi-litre de …………, de l'………… et du ………….

Mets la 🌾 dans une terrine et ………… un trou (un puits) au centre.

………… les 🥚🥚🥚 et ………… avec l'huile, le sel et le 🥛.

………… un peu d'huile dans une 🍳. ………… une petite 🥄 de pâte.

………… dès que la 🥞 est dorée ………… le deuxième côté.

Tu peux mettre de la 🍯 ou du sucre sur la 🥞.

Bon appétit !

~~farine~~ - lait - œufs - sel - huile
~~mets~~ - fais - verse - fais cuire - ajoute - fais chauffer - mélange - retourne

3B

Écris les mots dans la grille !

Livre de l'élève p. 36
GP p. 66

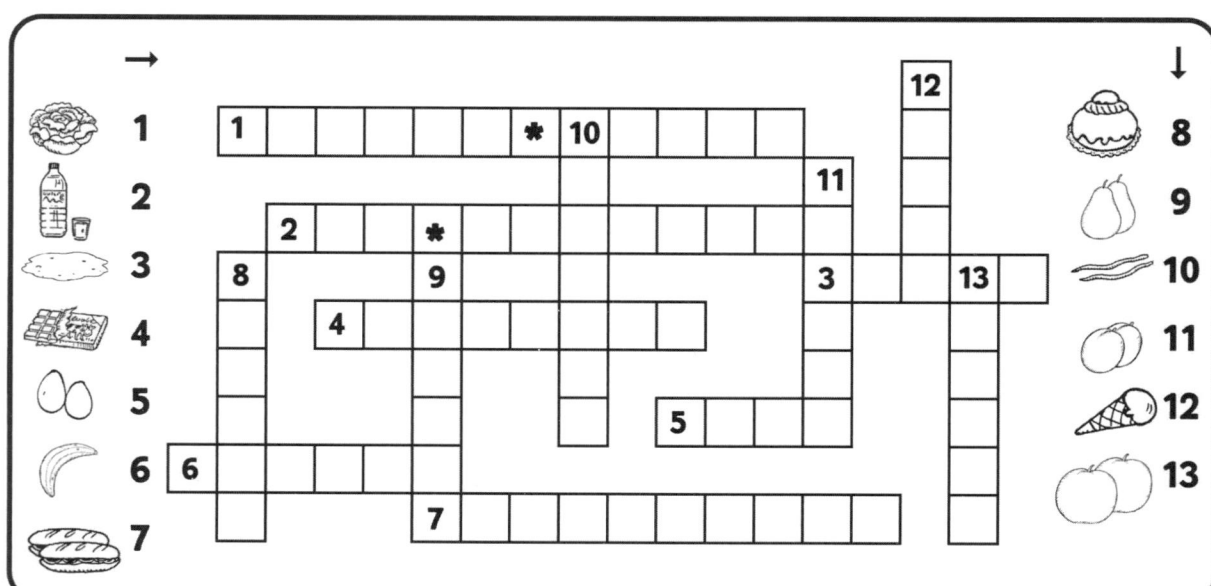

Cahier de vie

Qu'est-ce que tu aimes ? Les sandwichs ? les crêpes ? les tartes ?

....

Qu'est-ce que tu n'aimes pas ?

....

Tu sais répondre à ces questions ?

Livre de l'élève p. 37
GP p. 68

Test

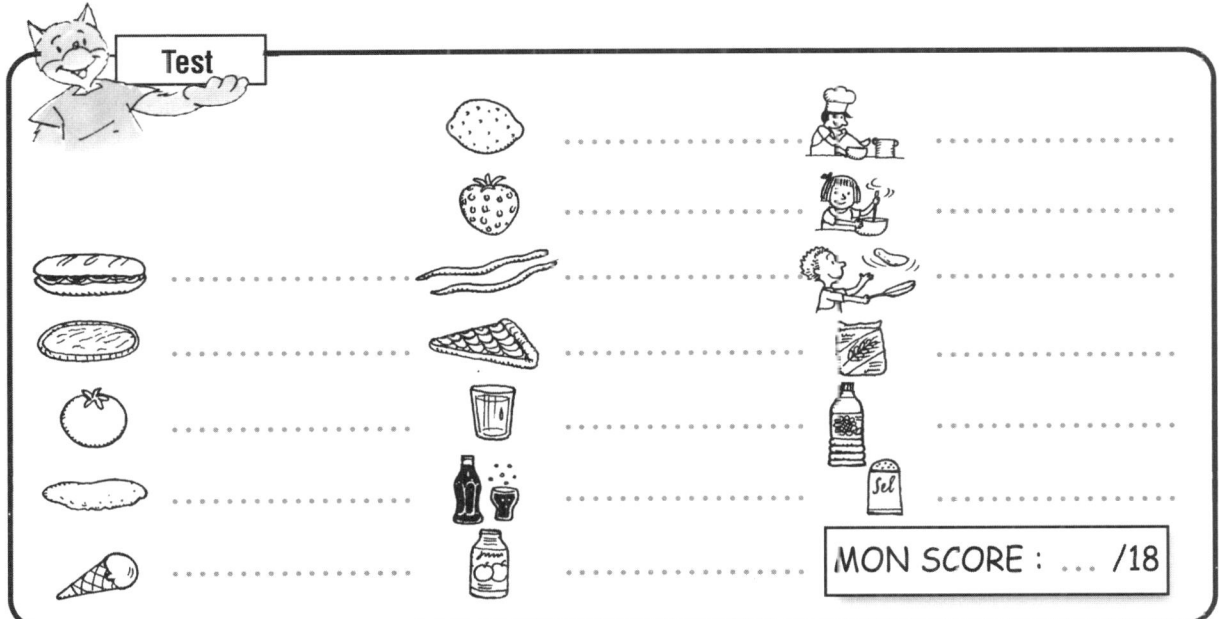

MON SCORE : ... /18

Tu sais dire ces mots en français ? Écris-les !

Auto-évaluation, Unité 8

 Super !    Pas mal !    À revoir !

Évalue ton travail !

 **Dico-mémento**

Découpe les mots et colle-les, puis contrôle ce que tu sais !

33

Unité 9 LEÇON 1

Qu'est-ce que tu préfères ?

1A

Lis et numérote les phrases !

Livre de l'élève p. 38
GP p. 70

☐ Ils préfèrent dormir.
☐ Elles préfèrent faire de la voile.
☐ Ils préfèrent faire des tours de magie.
☐ Elles préfèrent aller au cinéma.
☐ Ils préfèrent regarder la télévision.
☐ Elles préfèrent bouger.

1B

Regarde le livre page 38 et complète !

(Va voir aussi le CA page 26)

Livre de l'élève p. 38
GP p. 70

avoir	être	prendre	préférer
J'ai	Je suis	Je prends	Je préfère
Tu	Tu	Tu	Tu ....
Il	Elle	Il	Elle ....
Nous	Nous	Nous pren......	Nous préfér...
Vous	Vous	Vous pren......	Vous préfér...
Ils	Elles	Ils prenn......	Elles préfér...

Qu'est-ce que tu préfères ?

Les tigres ou les lions ? Je préfère ....
Les dauphins ou les éléphants ? ....
Les maths ou le sport ? ....
L'histoire ou la géographie ? ....
Le soleil ou la pluie ? ....
Le poulet ou le poisson ? ....
La salade verte ou les tomates ? ....
Les gâteaux ou les glaces ? ....
Les fraises ou les pommes ? ....
Faire de l'escalade ou faire la cuisine ? ....
Dormir ou bouger ? ....
Courir ou rêver ? ....

2A

Réponds et compare les réponses avec ton voisin, ta voisine !

Livre de l'élève p. 39
GP p. 72

Bonjour .... !
Mon animal préféré, c'est .... Ma matière préférée à l'école c'est .... Ma boisson préférée c'est .... Ma nourriture préférée c'est ....
.... Mon passe-temps préféré c'est ....
.... Mon sport préféré c'est ....
Ma couleur préférée c'est le ....
Mon nombre préféré c'est le ....
Et toi ?
    Salut ! ....

2B

Écris une lettre et adresse-la à ton ou ta camarade !

Livre de l'élève p. 39
GP p. 72

Unité 9 LEÇON 3

3A

Va interviewer tes camarades !

Livre de l'élève p. 40
GP p. 74

Tu préfères ... / Prénoms								autre
....								
....								
....								
....								
....								

Tu préfères dessiner, faire des tours de magie ?

.... préfère ....
.... préfère ....
.... préfère ....
.... préfère ....
.... préfère ....

3B

Choisis et écris !

Livre de l'élève p. 40
GP p. 74

Quel personnage préfères-tu ? Donne des points !

	Moi	Mon voisin, ma voisine	Total
Croquetout	deux points	....	....
Alex	....	....	....
Zoé	....	....	....
Ratafia	....	....	....
Loulou	....	....	....
Basile	....	....	....
Mamie	....	....	....
Rodolphe	....	....	....

- Je préfère ....
- .... préfère ....
- Nous préférons ....

Cahier de vie

Qu'est-ce que tu préfères ?

Je préfère ....

Tu sais répondre à ces questions ?

Livre de l'élève p. 41
GP p. 76

Test

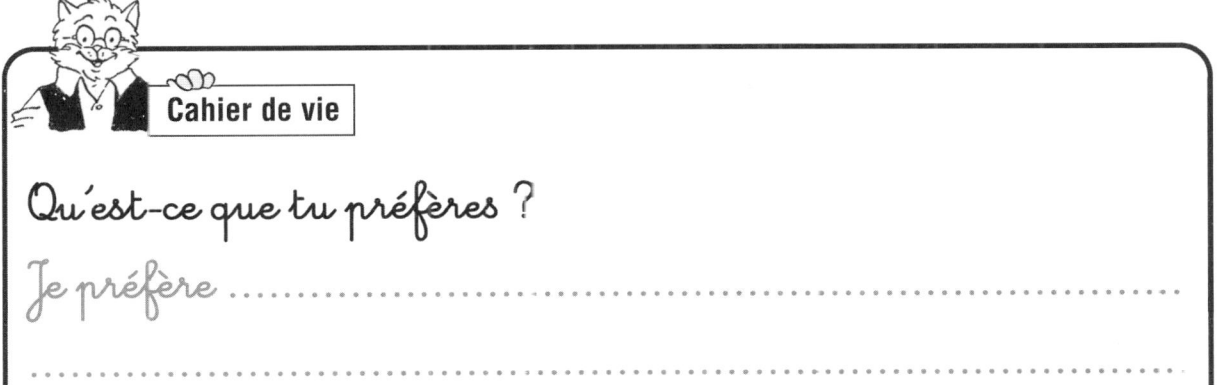

MON SCORE : ... /16

Tu sais dire ces pronoms personnels et ces mots en français ? Écris-les !

Auto-évaluation, Unité 9

 Super !
 Pas mal !
 À revoir !

Évalue ton travail !

 Dico-mémento

Découpe les mots et colle-les, puis contrôle ce que tu sais !

Qu'est-ce qu'ils mangent ?

1A

Écris les mots et compare avec ton voisin, ta voisine !

Livre de l'élève p. 44
GP p. 78

le cerf - le hamster - l'âne - l'écureuil - le lapin - la tortue - le loup - l'ours - la vache
le rat - la poule - le renard - le dauphin - le serpent - le mouton - le papillon

Vivent dans la forêt :	Ne vivent pas dans la forêt :
....	....
....	....
....	....
....	....
....	....
....	....
....	....
....	....

1B

Réponds et écris !

Livre de l'élève p. 44
GP p. 78

Quels sont les animaux menacés en France ?

1. Le loup ....   4. ....
2. ....   5. ....
3. ....   6. ....

est menacé   n'est pas menacé

2A

Regarde et écris !

Livre de l'élève p. 45
GP p. 80

Dans la forêt, il y a trois ……………………………………………………………
………………………………………………………………………………………

2B

Prépare la grille pour ton voisin, ta voisine !

Livre de l'élève p. 45
GP p. 80

Qu'est-ce qu'ils mangent ?

des carottes - de l'herbe - des noisettes - de la salade - des graines - des pommes - du poisson - des rats - des poules - des moutons - des fruits - de la viande

	Vrai	Faux
Les cerfs mangent …………………………………	☐	☐
Les perruches mangent …………………………	☐	☐
Les renards mangent ……………………………	☐	☐
Les poules …………………………………………	☐	☐
Les écureuils ………………………………………	☐	☐
Les moutons ………………………………………	☐	☐
Les serpents ………………………………………	☐	☐
Les tortues …………………………………………	☐	☐
Les chats …………………………………………	☐	☐
Les ours ……………………………………………	☐	☐
Les ânes ……………………………………………	☐	☐
Les lapins …………………………………………	☐	☐
Les loups …………………………………………	☐	☐

3A

Lis et écris les mots puis invente une devinette !

Livre de l'élève p. 46
GP p. 82

Devinettes

- Il mange de l'herbe, des pommes et des carottes. Il est gris. Il vit à la ferme. Il ne sait pas très bien chanter. Qui est-ce ? C'est l'...............

- Elle mange de la salade et de l'herbe. Elle ne marche pas vite. Elle est verte ou marron. Qui est-ce ? C'est la ....

- Il mange de la viande : des moutons et des poules. Il vit dans la forêt. Il court très vite. Il est gris. Qui est-ce ? C'est le ....

- Il mange de l'herbe. Il vit dans la forêt. Il est grand et marron. Il n'aime pas les chasseurs. Qui est-ce ? C'est le ....

- Il mange des noisettes, des graines et des fruits. Il est roux. Il sait sauter et courir. Il vit dans la forêt. Qui est-ce ? C'est l'...............

- Il/elle mange des .... Il/elle est ....
Il/elle .... Il/elle .... Qui est-ce ? C'est ....

3B

Écris tout ce que tu sais sur ces animaux !

Livre de l'élève p. 46
GP p. 82

Il vit dans la forêt. Il est roux. Il mange ....
....
Le ....
....
....
L' ....
....
Le ....
....
....
Le ....

Cahier de vie

Y a-t-il des loups dans ton pays ? des cerfs ? des ours ?

....

Que mangent les écureuils ?

....

Que mangent les lapins ?

....

 **4A**

Tu sais répondre à ces questions ?

Livre de l'élève p. 47
GP p. 84

Test

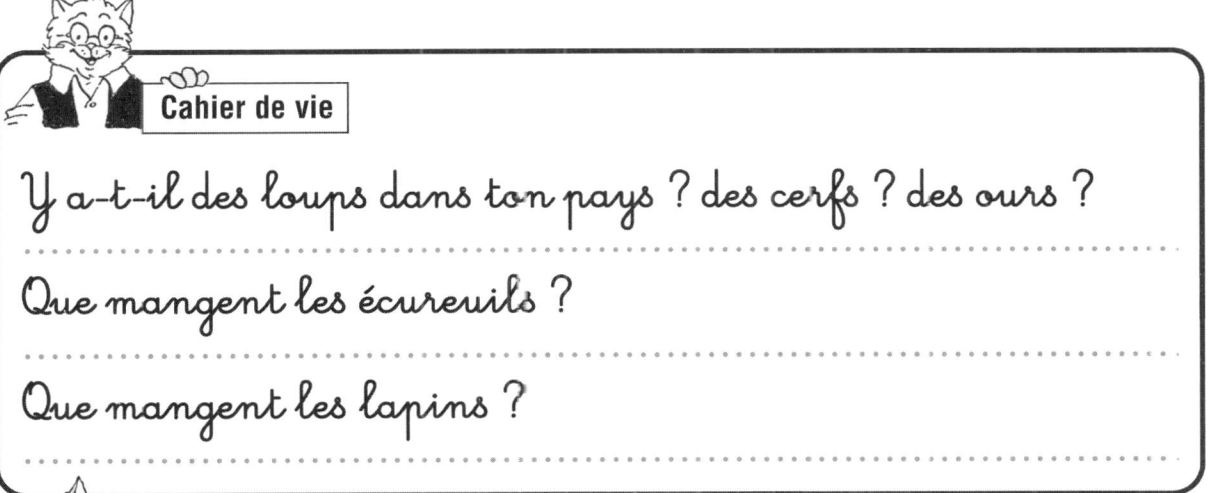

MON SCORE : ... /18

 **4B**

Tu sais dire ces mots en français ?
Écris-les !

Auto-évaluation, Unité 10

 Super !    Pas mal !    À revoir !

 **4C**

Évalue ton travail !

Dico-mémento

 **4D**

Découpe les mots et colle-les, puis contrôle ce que tu sais !

De quoi as-tu peur ?

1A

Écris les lettres qui manquent !

Livre de l'élève p. 48
GP p. 86

_ e _ _   _ l_ ph_ _ t   _ c_ r _ _ _ l   _ o_ _ o_

_ a_ i _ _ _ o_   _ e _ _ e _ _   _ _ rs   _ a _ i _

_ ou_   _ au_ _ i _   _ e_ a _ _   _ e _ _ _ _ _ e

1B

Complète !

Livre de l'élève p. 48
GP p. 86

une araignée - une mouche - un serpent -
ma trousse - mes cheveux - l'herbe - ma chaussure - mon nez - mes frites

1. Il y a *une araignée* dans .... | 4. Il y a .... dans .... !
2. Il y a .... dans .... | 5. Il y a .... dans .... !
3. Il y a .... dans .... | 6. Il y a .... sur .... !

- [A] un ours
- [ ] un pirate
- [ ] un fantôme
- [ ] une araignée
- [ ] une momie
- [ ] un rat
- [ ] un robot
- [ ] un loup
- [ ] un vampire
- [ ] une mouche
- [ ] un monstre
- [ ] une sorcière
- [ ] un dragon
- [ ] un serpent

Lis et mets les lettres correspondantes !

Livre de l'élève p. 49
GP p. 88

Bonjour .... !
J'ai peur des momies, des ...., ...
et des .... : ils (elles) sont .... !
Je n'ai pas peur des ...., des ....
et des .... !
Et toi, tu n'as peur de rien ?
Salut !
....

Écris une lettre et adresse-la à ton ou ta camarade !

Livre de l'élève p. 49
GP p. 88

3A

Va interviewer tes camarades et écris !

Livre de l'élève p. 50
GP p. 90

De quoi as-tu peur ?

Tu as peur des... ? / Prénoms	🐍	🕷	🐭	🐺	👻	👹	🧛	autre
....								
....								
....								
....								
....								

.... a peur des ....
.... a peur des ....
.... a peur des ....
.... a peur des ....
.... a peur des ....

3B

Retrouve les mots et entoure-les dans la grille !

Livre de l'élève p. 50
GP p. 90

```
S M E C H A N T S D
M O N S T R E F I E
O U R S F L E A Z G
M C A C F R L N S O
I H T F I S S T E U
E E I P T E W O R T
S S M A T H R M P A
K A R A I G N E E N
V O R A G E S S N T
L I O N R O B O T S
P E U R E L O U P S
```

 araignée   tigre    vampire
méchants   momies   pirates
peur   serpent   laid
robots   dégoûtants   rats
orages   fantômes
ours   mouches   sifflet
lion   rat
loups   sorcière
monstre

Cahier de vie

De quoi as-tu peur ? des rats ? des fantômes ?
J'ai peur des ....

Qu'est-ce qui ne te fait pas peur ?
Je n'ai pas peur des ....

4A

Tu sais répondre à ces questions ?

Livre de l'élève p. 51
GP p. 92

Test

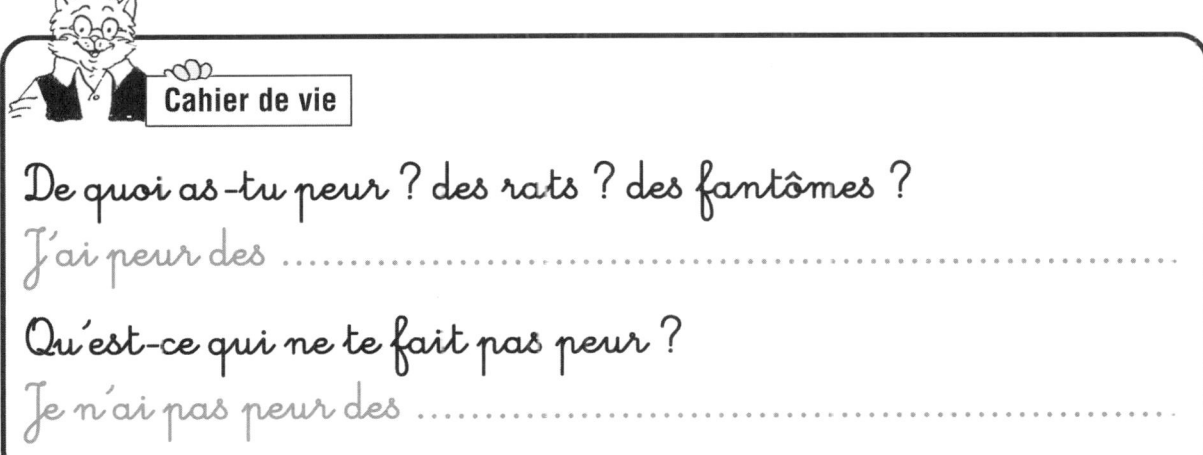

MON SCORE : ... /14

4B

Tu sais dire ces mots en français ?
Ecris-les !

Auto-évaluation, Unité 11

 Super !
 Pas mal !   À revoir !

4C

Évalue ton travail !

Dico-mémento

4D

Découpe les mots et colle-les, puis contrôle ce que tu sais !

Où habites-tu ?

1A

Regarde et écris !

Livre de l'élève p. 52
GP p. 94

~~la poste~~   le musée   le magasin de jouets   le supermarché   le café
l'épicerie   la boulangerie-pâtisserie   la poissonnerie   l'hôpital   la gare

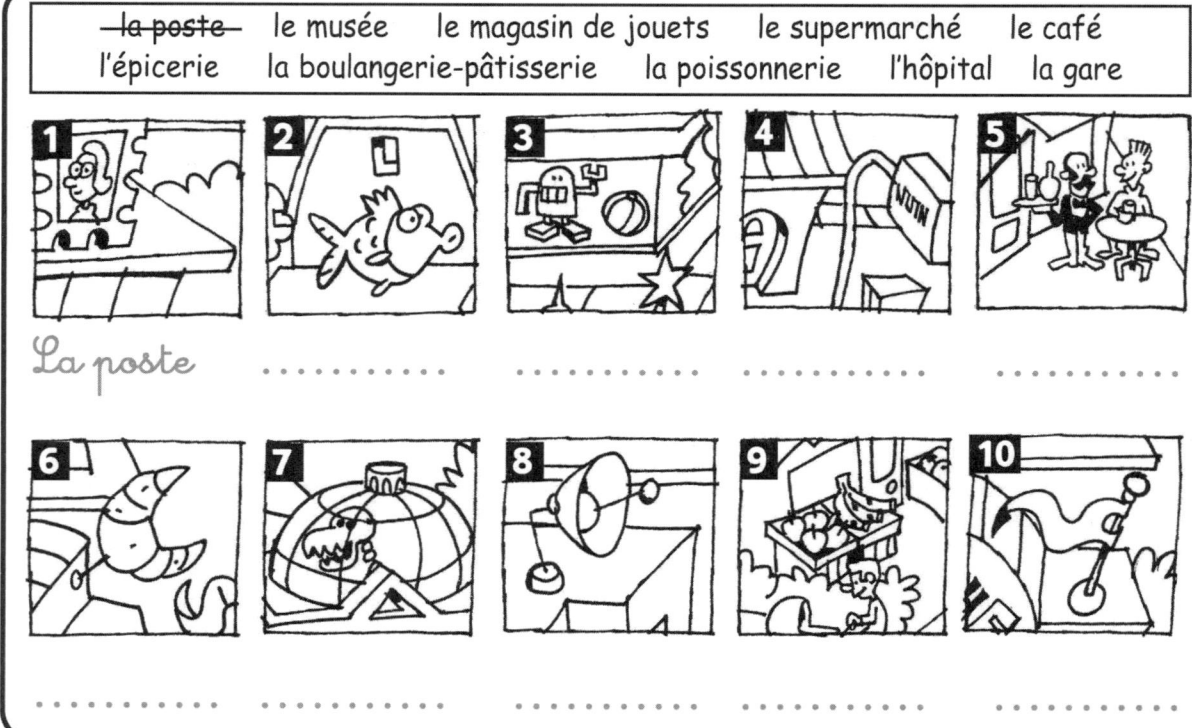

1. La poste   2. ....   3. ....   4. ....   5. ....

6. ....   7. ....   8. ....   9. ....   10. ....

1B

Écris ton adresse !

Dessine les rues et les bâtiments près de chez toi !
Écris les mots !

Envoie ton plan à ton ou ta camarade !

Livre de l'élève p. 52
GP p. 94

Où habites-tu ?

ma maison - ma rue - mon école - la piscine - le zoo - le cinéma - etc.

J'habite .... rue .... à ....

Voilà le plan :

2A

Lis et dessine ton chemin sur le plan !

Livre de l'élève p. 53
GP p. 96

Va tout droit ! Tourne à gauche après l'école. Va tout droit ! Tourne à droite !
Regarde le magasin de jouets ! Traverse trois rues. Va tout droit…
Après le supermarché, tourne à droite. Va tout droit jusqu'au cinéma !
Aujourd'hui le film c'est « L'école des vampires ». Tu vas voir le film ?

2B

Prépare la grille pour ton voisin, ta voisine !

Livre de l'élève p. 53
GP p. 96

à la piscine - au magasin de jouets - au zoo - au supermarché - à la gare - au café - au cinéma - à l'épicerie - à la pâtisserie - à la boulangerie - à la poissonnerie - à l'école

	Vrai	Faux
Je vais acheter du pain	☐	☐
Je vais acheter une poupée	☐	☐
Je vais acheter des bananes	☐	☐
Je vais aller nager	☐	☐
Je vais regarder les animaux	☐	☐
Je vais voir un film	☐	☐
Je vais acheter de l'eau minérale	☐	☐
Je vais acheter du poisson	☐	☐
Je vais boire un jus d'orange	☐	☐
Je vais apprendre à lire et à compter	☐	☐
Je vais acheter des gâteaux	☐	☐
Je vais prendre le train	☐	☐

3A
Écris !

Livre de l'élève p. 54
GP p. 98

Dessine et écris !

Je voudrais aller...

Je voudrais aller à la boulangerie.

3B

Relie les mots aux bâtiments de la ville et dessine !

Livre de l'élève p. 54
GP p. 98

La ville des ....

des sorcières - des pirates - des vampires - des fantômes - des momies - des robots - des monstres - des rats - des loups - des araignées - des dragons - des ours - des serpents - des mouches

La maison ....

L'école ....

Le musée ....

Le supermarché ....

L'hôpital ....

Le café ....

Le zoo ....

Le cinéma ....

48

Unité 12 LEÇON 4

Cahier de vie

Où habites-tu ?

Où vas-tu acheter du pain ? des gâteaux ? du poisson ?

4A Tu sais répondre à ces questions ?

Livre de l'élève p. 55
GP p. 100

Test

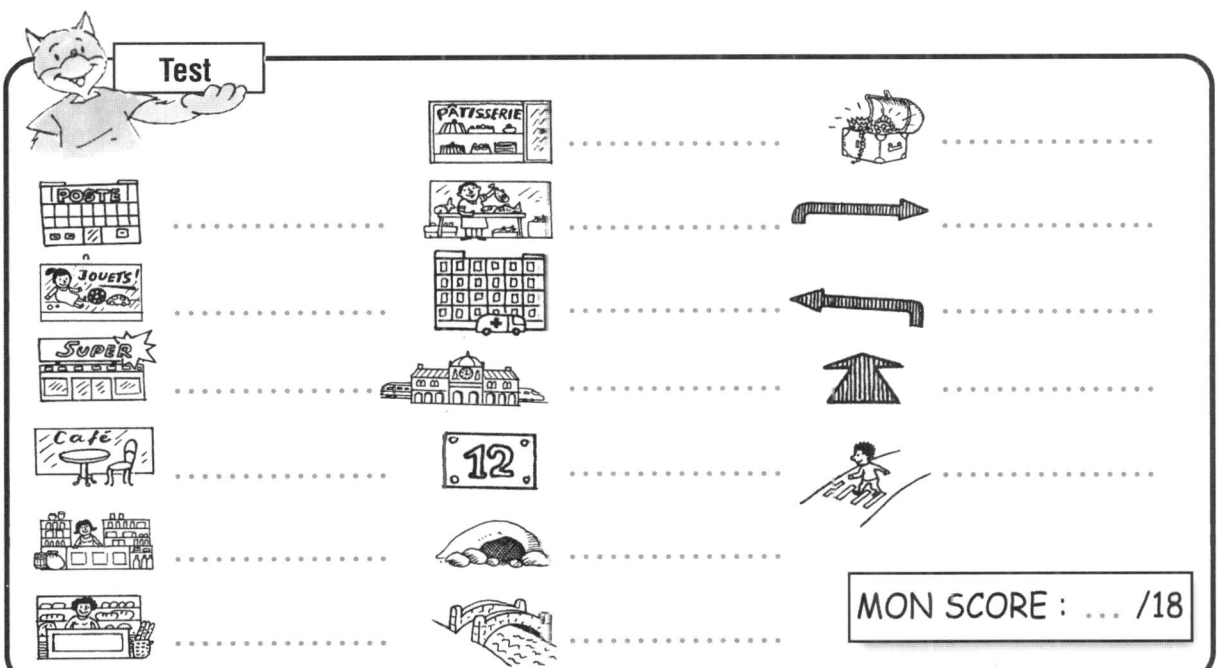

MON SCORE : ... /18

4B Tu sais dire ces mots en français ? Écris-les !

Auto-évaluation, Unité 12

 Super !
 Pas mal !
 À revoir !

4C Évalue ton travail !

Dico-mémento

4D Découpe les mots et colle-les, puis contrôle ce que tu sais !

Qu'est-ce que tu collectionnes ?

Lis et numérote les phrases !

Livre de l'élève p. 58
GP p. 102

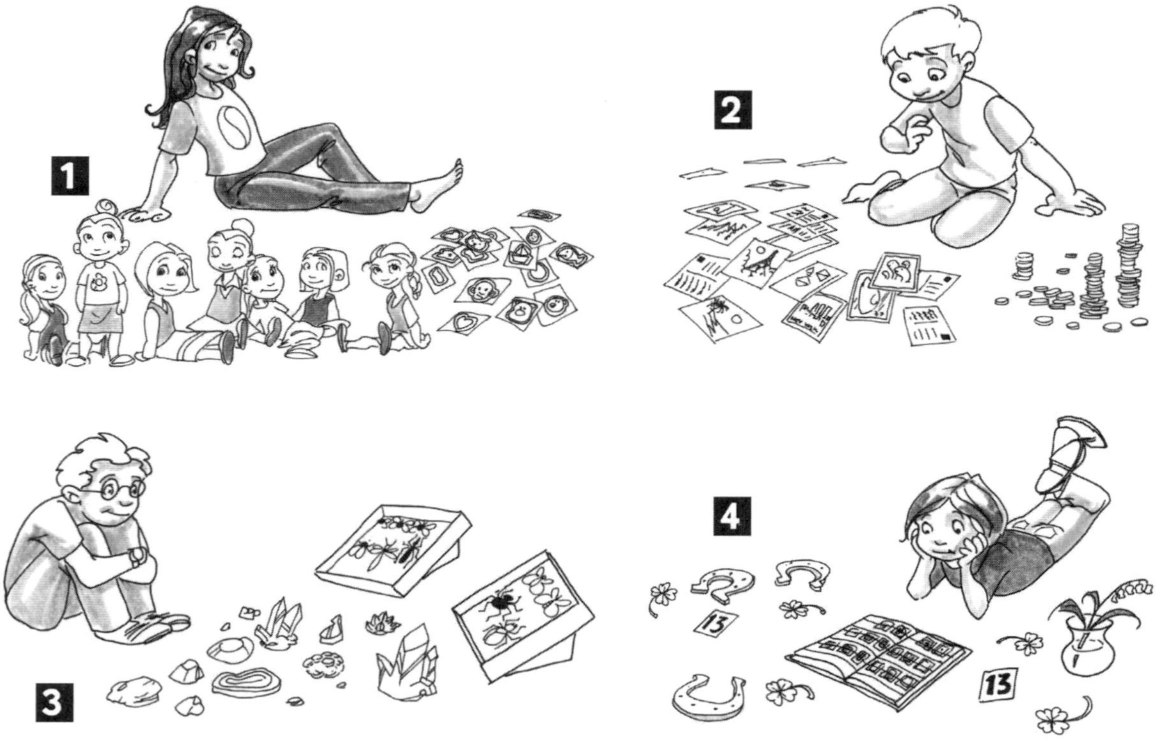

☐ Il collectionne les insectes et les cailloux.
☐ Elle collectionne les poupées et les autocollants.
☐ Elle collectionne les porte-bonheur et les timbres.
☐ Il collectionne les pièces de monnaie et les cartes postales.

Regarde le livre page 58 et complète !

Livre de l'élève p. 58
GP p. 102

collectionner	aimer	vouloir	savoir
Je collectionne	J'aime	Je veux	Je sais
Tu	Tu	....	....
Il	Elle	....	....
Nous	Nous	....	....
Vous	Vous	....	....
Ils	Elles	....	....

50

2A

Associe les répliques et mets le bon numéro dans les bulles !

Livre de l'élève p. 59
GP p. 104

1 Qu'est-ce que tu collectionnes ?

2 Tu collectionnes aussi les timbres ?

3 Et les insectes, tu les collectionnes ?

4 Moi, je collectionne les parapluies !

5 J'en ai sept.

☐ Non ! Je déteste les insectes ! Et toi ? Qu'est-ce que tu collectionnes ?

☐ Tu en as combien ?

☐ Sept parapluies ? Pas mal !

☐ Je collectionne les autocollants.

☐ Non, les porte-bonheur !

2B

Regarde et complète !

Livre de l'élève p. 59
GP p. 104

| ~~onze~~ | trois cents | trente mille | cent trente | vingt-cinq | cinquante-six |

Combien as-tu d'ours ? — J'en ai *onze* !

Combien as-tu d'insectes ? — J'en ai .... !

Combien as-tu d'autocollants ? — J'en .... !

Combien as-tu de pièces de monnaie ? — J' .... !

Combien as-tu de timbres ? — .... !

Combien as-tu de cailloux ? — .... !

3A

Attention, il y a des
« intrus » !
Entoure les bonnes
images et écris les
mots !

Livre de l'élève p. 60
GP p. 106

Les porte-bonheur en France

le ....

3B

Lis et dessine
les porte-bonheur !

Livre de l'élève p. 60
GP p. 106

Mamie a un fer à cheval dans son sac, un brin de muguet sur sa veste, le nombre 13 sur son chapeau. Sa mascotte, la perruche, a un trèfle à quatre feuilles sur la tête !

Cahier de vie

Qu'est-ce que tu collectionnes ?
....

Y a-t-il des porte-bonheur dans ton pays ? Dessine-les !

4A

Tu sais répondre à ces questions ?

Livre de l'élève p. 61
GP p. 108

Test

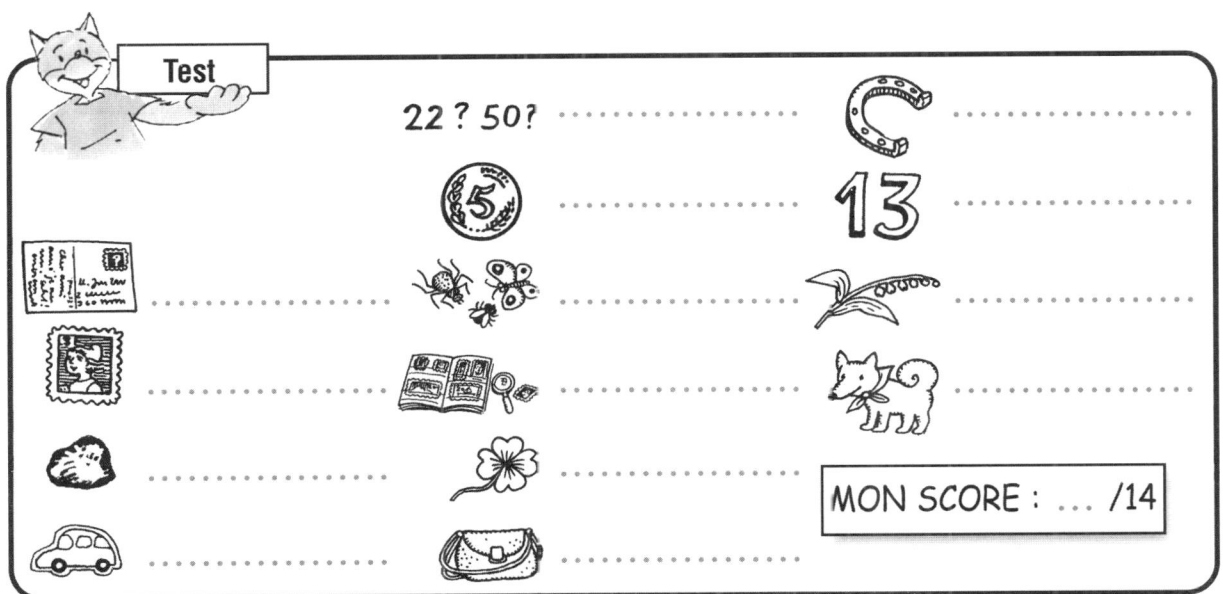

MON SCORE : ... /14

4B

Tu sais dire ces mots en français ?
Écris-les !

Auto-évaluation, Unité 13

 Super !
 Pas mal !
 À revoir !

4C

Évalue ton travail !

Dico-mémento

4D

Découpe les mots et colle-les, puis contrôle ce que tu sais !

Qu'est-ce que tu as perdu ?

1A

Relie les mots aux dessins !

Livre de l'élève p. 62
GP p. 110

la commode

l'armoire

le canapé

le fauteuil

le lit

1B

Lis et coche la bonne case !

Livre de l'élève p. 62
GP p. 110

Le parapluie est...

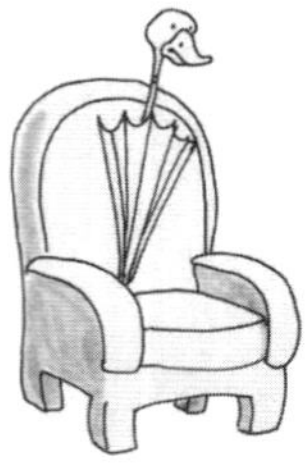

☐ sous le fauteuil.
☐ sur le fauteuil.

☐ dans l'armoire.
☐ sous l'armoire.

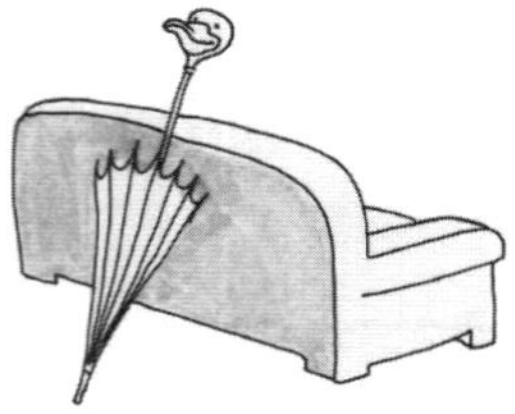

☐ derrière le canapé.
☐ devant le canapé.

☐ à côté du fauteuil.
☐ sous le fauteuil.

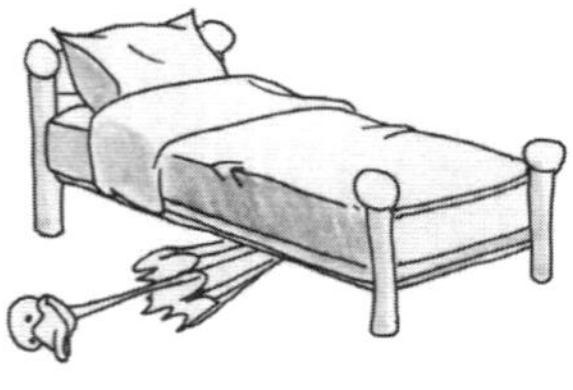

☐ sous le lit.
☐ sur le lit.

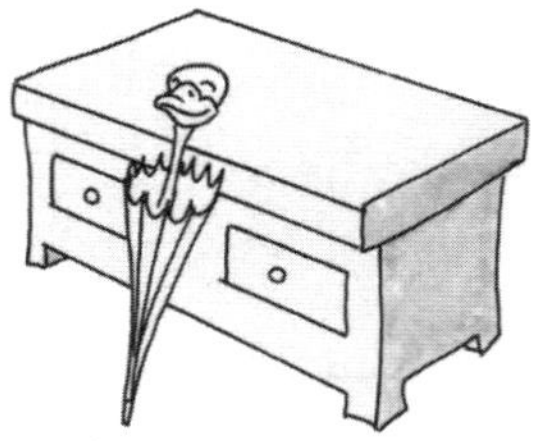

☐ devant la commode.
☐ sur la commode.

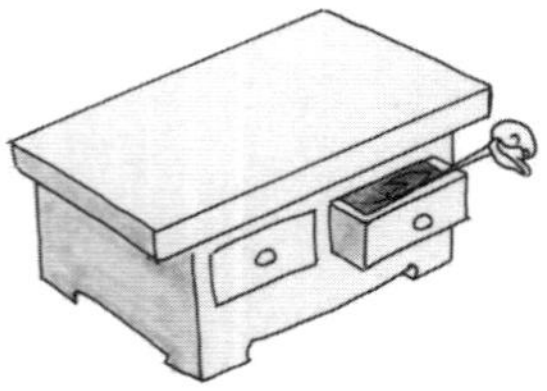

☐ sur la commode.
☐ dans la commode.

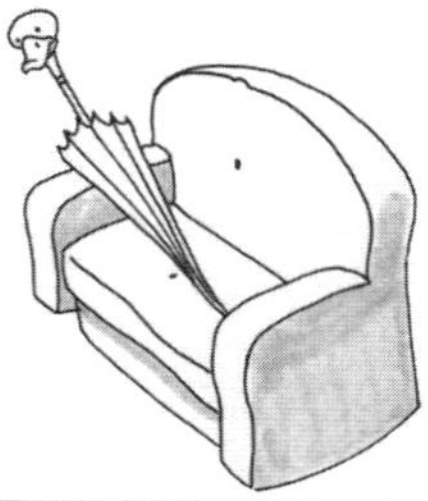

☐ sur le canapé.
☐ sous le canapé.

54

Lis et dessine les objets !

Livre de l'élève p. 63
GP p. 112

J'ai mis mon ballon sous le lit. J'ai oublié mon appareil photo sur la chaise. Il y a une chaussette derrière le rideau ! Ma trousse est sur la table. Sur la table, il y a aussi deux timbres. J'ai mis mes chaussures devant l'armoire. J'ai mis mes lunettes dans la commode. Il y a trois pièces de monnaie sur le tapis. J'ai mis une carte postale devant la lampe. J'ai oublié mon parapluie sous le fauteuil !

Regarde et écris !

Livre de l'élève p. 63
GP p. 112

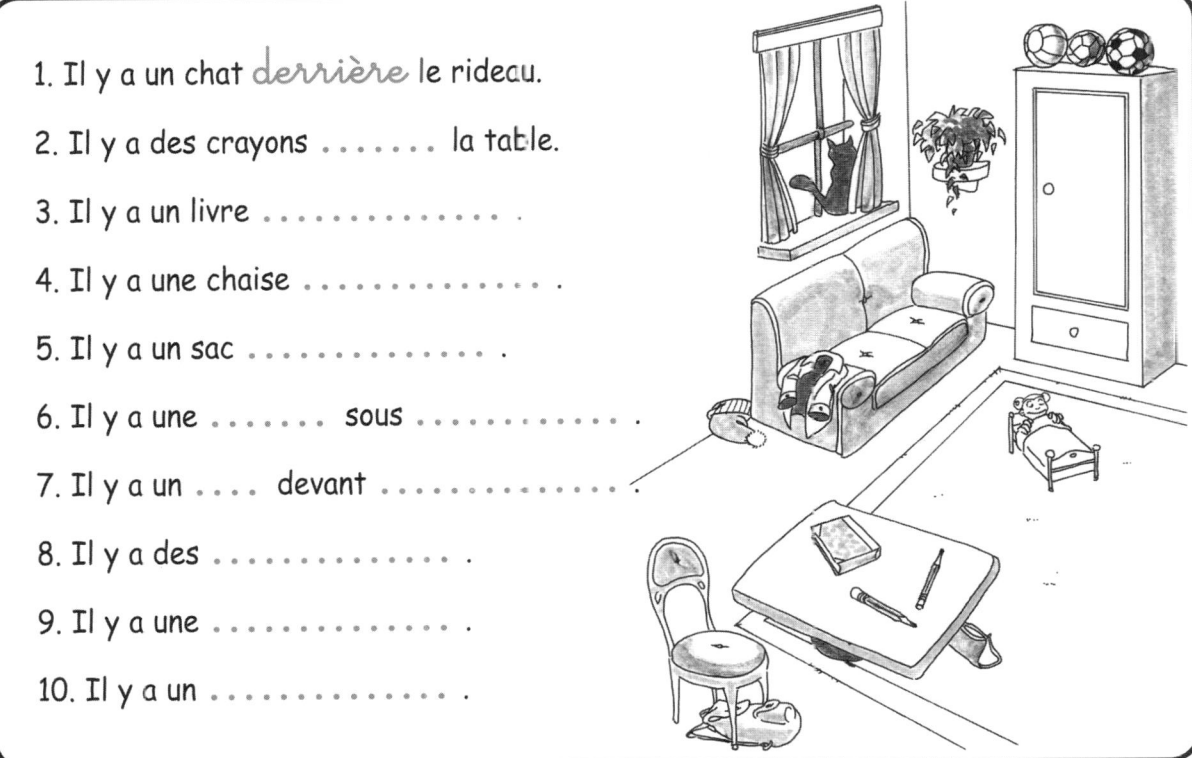

1. Il y a un chat *derrière* le rideau.
2. Il y a des crayons .... la table.
3. Il y a un livre ....
4. Il y a une chaise ....
5. Il y a un sac ....
6. Il y a une .... sous ....
7. Il y a un .... devant ....
8. Il y a des ....
9. Il y a une ....
10. Il y a un ....

Découpe les meubles et installe-les dans la pièce ! Puis décris-la à ton voisin, ta voisine !

Livre de l'élève p. 64
GP p. 114

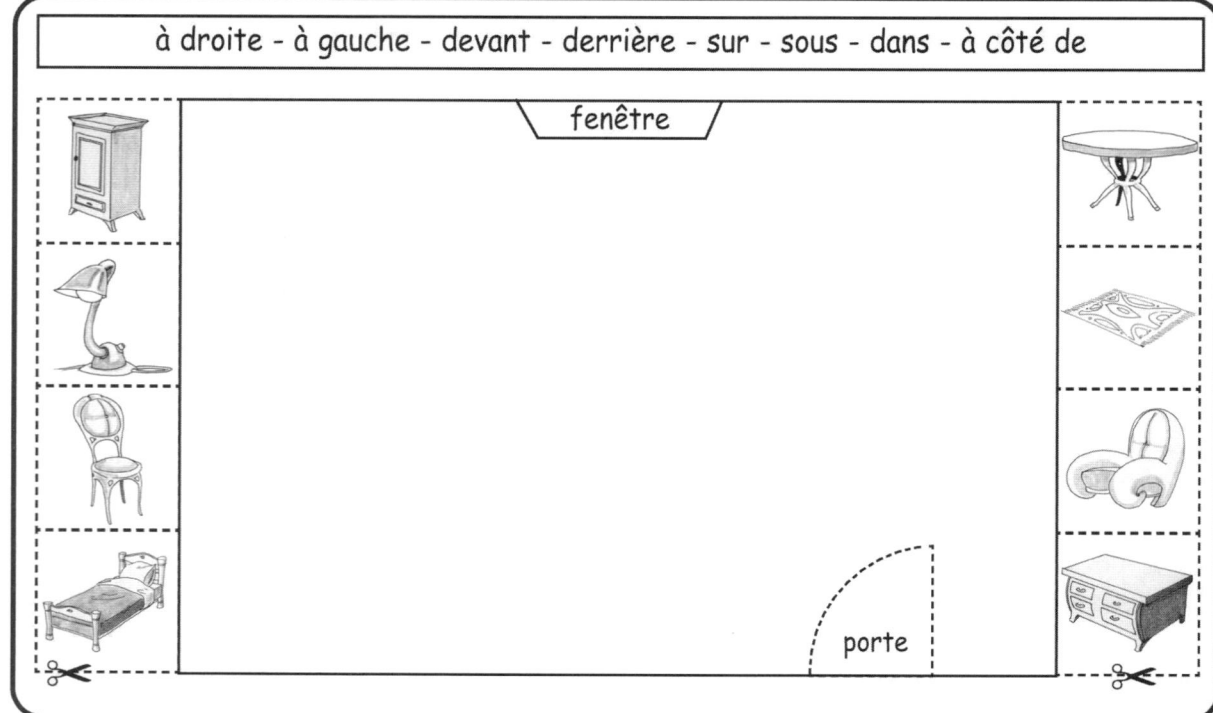

à droite - à gauche - devant - derrière - sur - sous - dans - à côté de

Écris les mots !

Livre de l'élève p. 64
GP p. 114

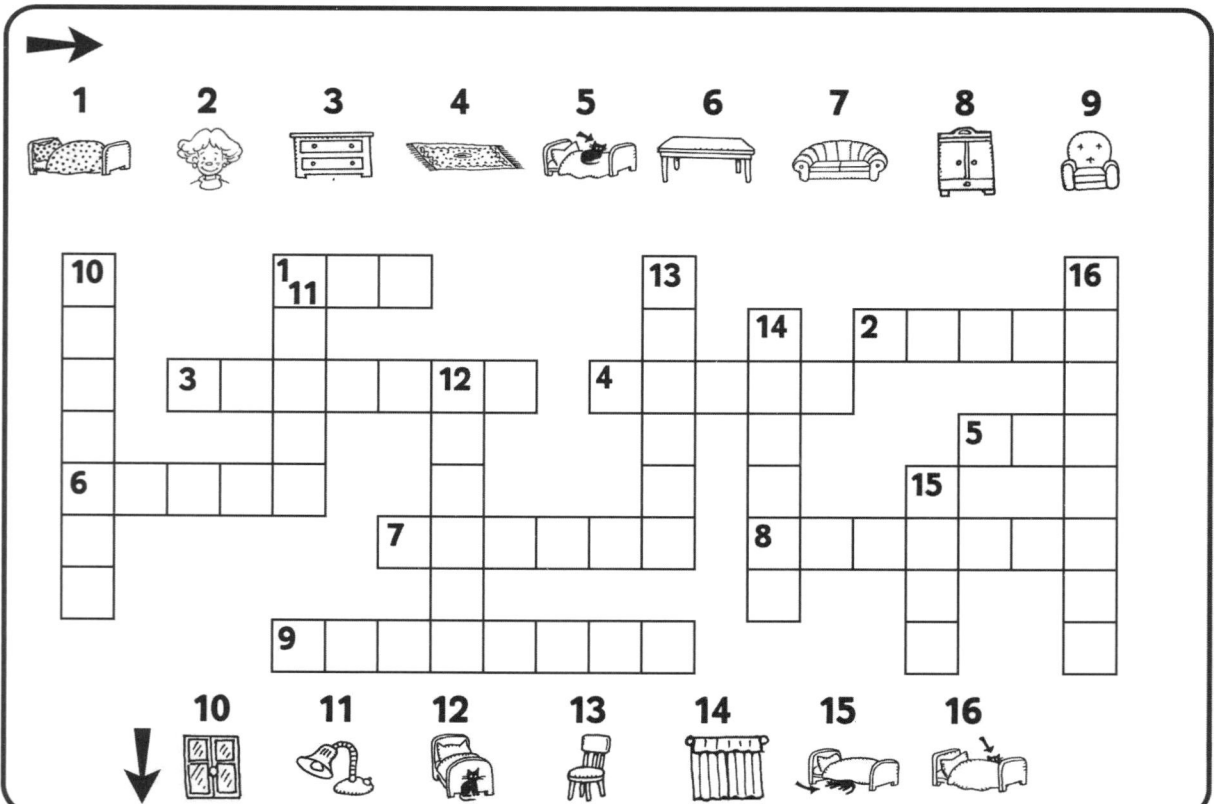

Cahier de vie

Où est ta trousse ? Sur la table ? Sur la chaise ?

Où as-tu mis tes chaussures ? Sous l'armoire ? Sous le lit ?

4A

Tu sais répondre à ces questions ?

Livre de l'élève p. 65
GP p. 116

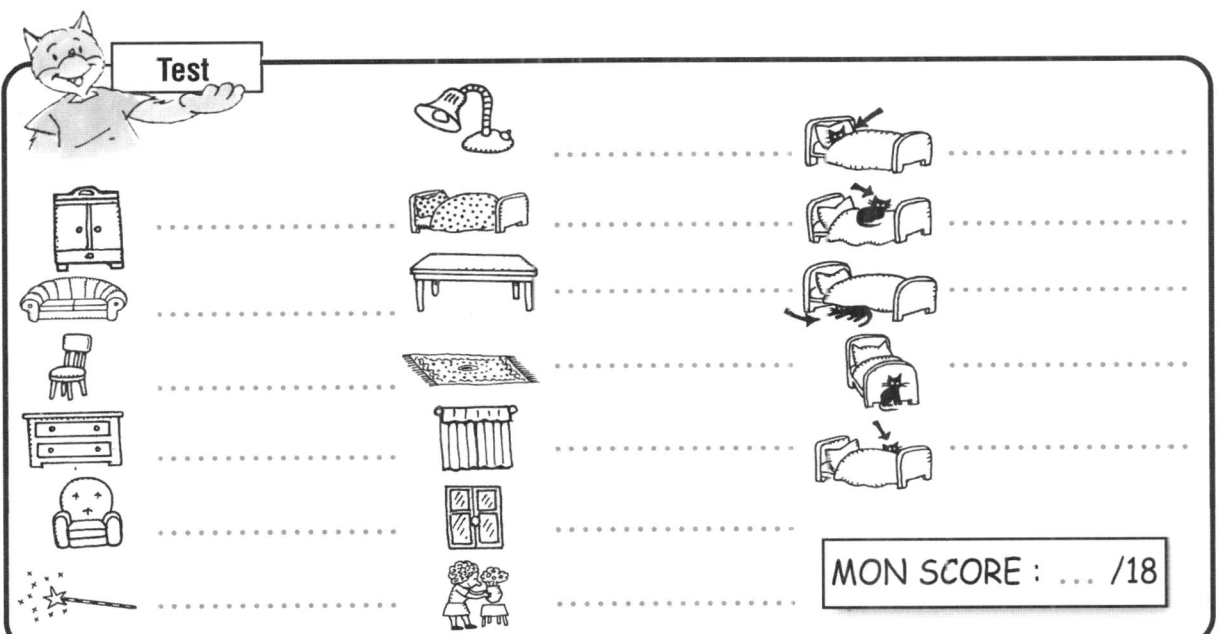

MON SCORE : ... /18

4B

Tu sais dire ces mots en français ?
Écris-les !

Auto-évaluation, Unité 14

 Super !    Pas mal !    À revoir !

4C

Évalue ton travail !

 **Dico-mémento**

4D

Découpe les mots et colle-les, puis contrôle ce que tu sais !

On part en vacances !

1A

Complète les phrases !

Livre de l'élève p. 66
GP p. 118

faire beau - faire froid - neiger - faire du vent - pleuvoir - faire chaud - ~~un bonnet~~ - un chapeau - un manteau - des lunettes de soleil - un parapluie - des bottes

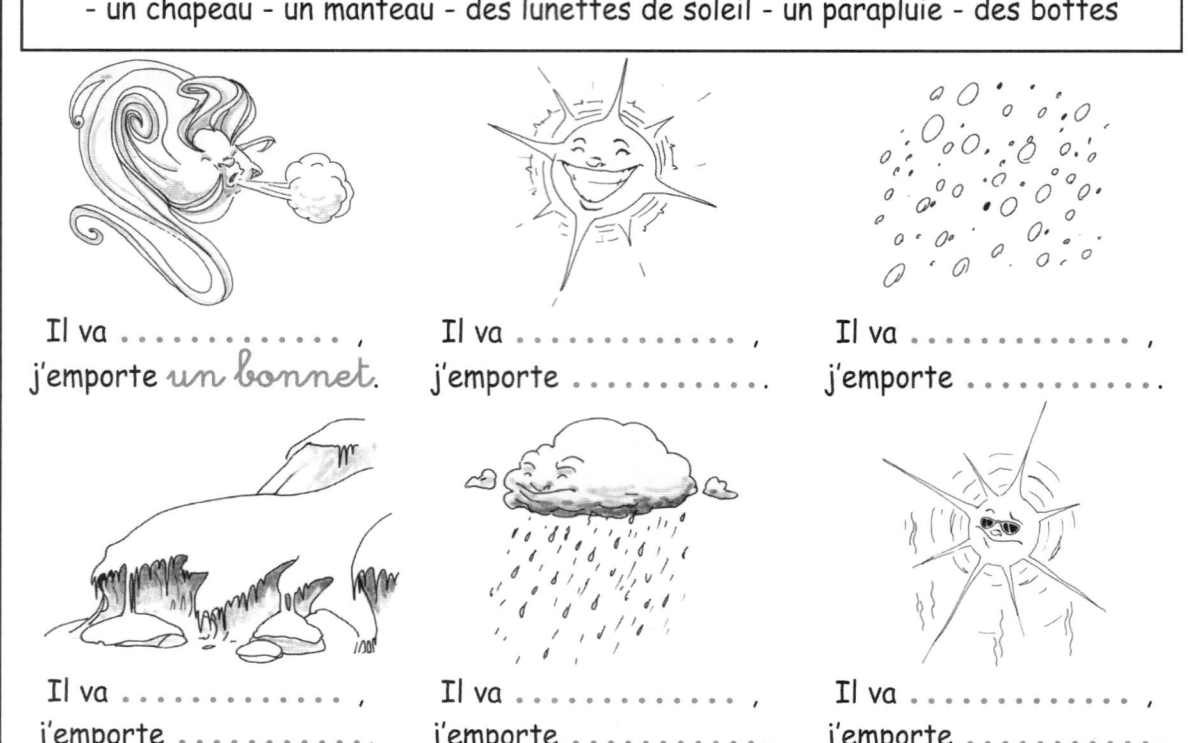

Il va ...., j'emporte *un bonnet*.

Il va ...., j'emporte ....

Il va ...., j'emporte ....

Il va ...., j'emporte ....

Il va ...., j'emporte ....

Il va ...., j'emporte ....

1B

Lis et dessine !

Livre de l'élève p. 66
GP p. 118

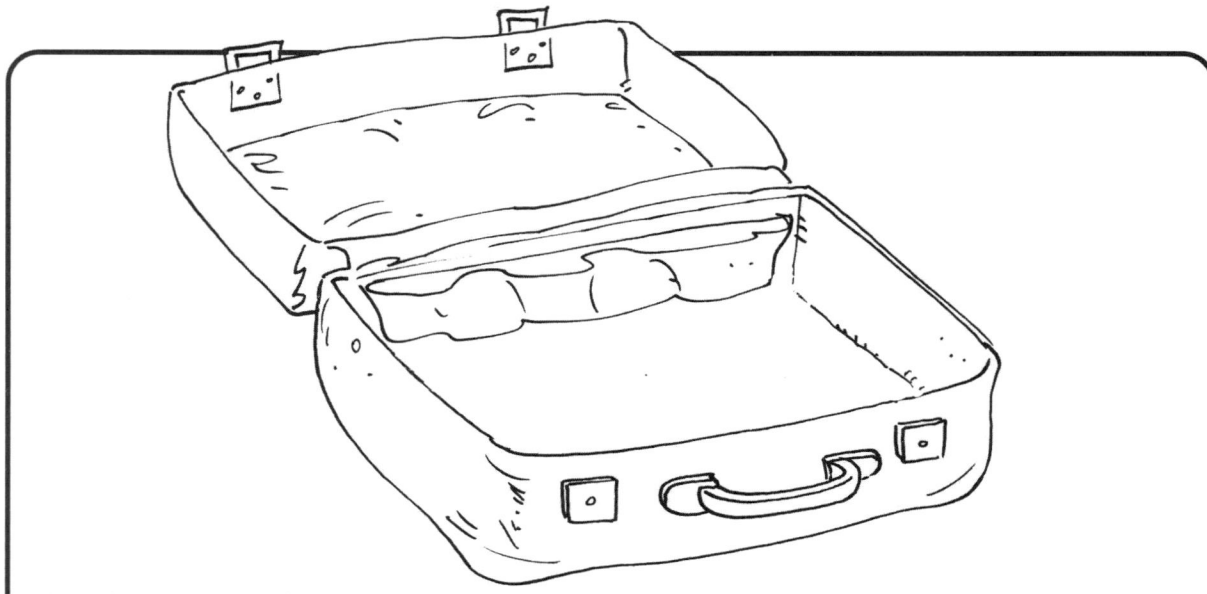

J'ai mis dans ma valise un tee-shirt jaune et un tee-shirt bleu. J'ai mis deux chaussettes blanches et un pantalon noir, un maillot rouge, une serviette de bain verte, un chapeau bleu et des lunettes noires. Il y a aussi un livre et un appareil photo !

Unité 15 LEÇON 2

2A
Regarde et complète !

Livre de l'élève p. 67
GP p. 120

~~une robe~~ - ~~un pantalon~~ - un tee-shirt - un pull - un maillot - des lunettes - un plan - une carte - une chemise - une casquette - des chaussettes - des chaussures - des sandales - etc.

Sara a mis dans sa valise *une robe,* ....
....
Greg a mis dans sa valise *un pantalon,* ....
....

2B
Lis et complète !

Livre de l'élève p. 67
GP p. 120

à la montagne - visiter une ville - à la campagne - à la mer

J'aime regarder les magasins,
visiter les musées :
Je pars .... !

J'aime marcher, voir des cerfs et
des renards, faire de l'escalade :
Je pars .... !

J'aime regarder les bateaux,
rêver sur la plage, nager !
Je pars .... !

J'aime les poules, les canards,
les vaches. J'aime habiter à la ferme !
Je pars .... !

Unité 15 — LEÇON 3

3A

Écris une lettre à ton correspondant ou à ta correspondante !

Livre de l'élève p. 68
GP p. 122

························, le ················

Bonjour ························ !

Je m'appelle ···················· J'ai ······ ans.

Je suis né(e) le ································

J'habite à ··············, à côté d'··············

Je me réveille à ········· heures et je vais à l'école à ············ heures.

J'aime ························· et ·······················

Je suis fort(e) en ················ et en ················

Je déteste ··································

Je préfère ···································

Je collectionne les ························· Et toi ?

Je suis en vacances à ···························

Je suis ························, je ···············

Aujourd'hui, ················ Quel temps fait-il chez toi ?

Je vais apprendre à ························ ! Et toi ?

Bonnes vacances !

Au revoir !

················

Cahier de vie

Tu pars en vacances ?
....

Qu'est-ce que tu emportes ?
....

Qu'est-ce que tu vas faire ?
....

4A

Tu sais répondre à ces questions ?

Livre de l'élève p. 69
GP p. 124

Test

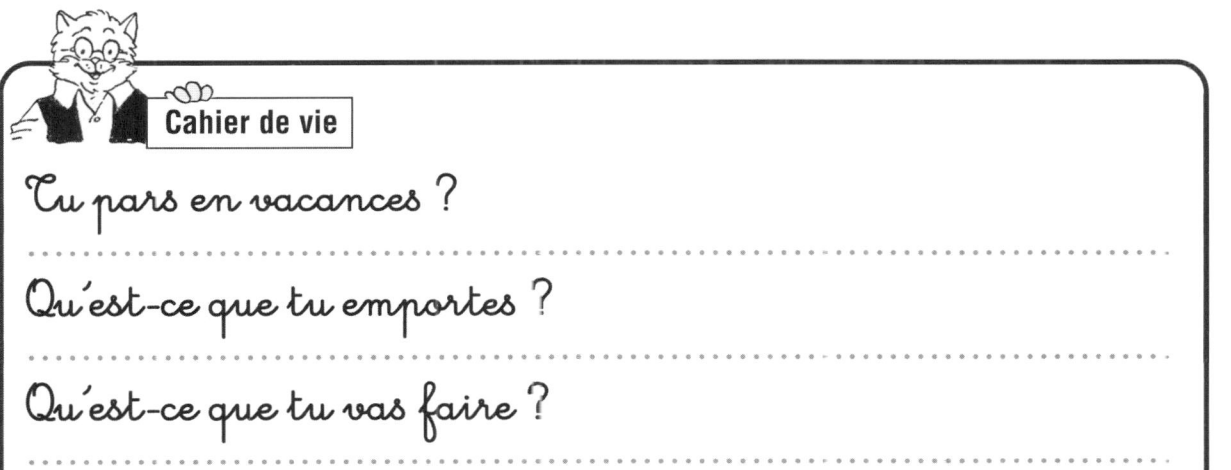

MON SCORE : ... /15

4B

Tu sais dire ces mots en français ?
Écris-les !

Auto-évaluation, Unité 15

 Super !    Pas mal !    À revoir !

4C

Évalue ton travail !

Dico-mémento

4D

Découpe les mots et colle-les, puis contrôle ce que tu sais !

Dico-mémento

Unité 1

l'ami(e)	le rat	peindre
l'artiste	la fable	rire
le conte	faire des tours de magie	

Unité 2

se lever (je me lève)	se laver (je me lave)	bouger (je bouge)
rêver (je rêve)	se réveiller	(je me réveille)
se brosser les dents		(je me brosse les dents)
courir (je cours)	s'habiller	(je m'habille)
le sac	se dépêcher	(je me dépêche)
en retard	aller à l'école	(je vais à l'école)

Unité 3

le français	les maths	la géographie
le sport	les sciences	la musique
aimer (j'aime)	adorer (j'adore)	détester (je déteste)
l'histoire	les arts plastiques	la cantine
la récréation	être fort(e) en...	(je suis fort(e) en...)

Unité 4

la mère/maman	le père/papa	la grand-mère/mamie
le grand-père/papi	la tante/tata	l'oncle/tonton

Dico-mémento

janvier	février	mars
avril	mai	juin
juillet	août	septembre
octobre	novembre	décembre
50 cinquante	**60** soixante	**70** soixante-dix
80 quatre-vingt	**90** quatre-vingt-dix	**100** cent

Unité 5

le soleil (Le soleil brille.)	l'orage (Il y a de l'orage.)	la pluie (Il pleut.)
la neige (Il neige.)	la goutte	le nuage
le vent (Il fait du vent.)	froid (Il fait froid.)	chaud (Il fait chaud.)
beau (Il fait beau.)	le parapluie	les lunettes (de soleil)
aujourd'hui	demain	la tempête

Unité 6

la faim (j'ai faim)	la soif (j'ai soif)	la peur (j'ai peur)
fatigué(e)	triste	fâché(e)
malade	le ventre	(j'ai mal au ventre)
avoir mal (j'ai mal)	la gorge	(j'ai mal à la gorge)
aller bien (je vais bien)	la dent	(j'ai mal aux dents)

Unité 7

+ plus	− moins	faire du sport

Dico-mémento

Bonne année !	travailler	apprendre (j'apprends)
le château	faire de la voile	acheter (j'achète)
vendre (je vends)	faire de l'escalade	(je fais de l'escalade)

Unité 8

le café	le salon de thé	la crêperie
le sandwich	la glace	la crêpe
le jus de pomme	le coca	la tomate
la quiche	le citron	la fraise
la vanille	la carte	l'eau
verser	mélanger	retourner
la farine	l'huile	le sel

Unité 9

je	tu	il
elle	nous	vous
ils	elles	le lion
l'animal	la boisson	la nourriture
	la matière (scolaire)	le passe-temps
la couleur	le nombre	la chanson
le violon	le génie	

Dico-mémento

Unité 10

la forêt	le cerf	l'écureuil
le lapin	le renard	le serpent
le loup	le chasseur	le berger
l'herbe	la noisette	la graine
le fruit	la viande	la carotte
200 deux cents	**215** deux cent quinze	**6000** six mille

Unité 11

l'araignée	la mouche	Poisson d'avril !
le fantôme	le vampire	la momie
méchant	laid	dégoûtant

Unité 12

la poste	le magasin de jouets	le supermarché
l'épicerie	la boulangerie	la pâtisserie
la poissonnerie	l'hôpital	la gare
habiter (j'habite)	la rue	à côté
à gauche	à droite	tout droit
traverser	devant	après
jusqu'à	la carte	la grotte
le trésor	le message secret	le pont

69

Dico-mémento

Unité 13

la carte postale	le timbre	le caillou
l'autocollant	la pièce de monnaie	l'insecte
le porte-bonheur	22 ? 50? Combien ?	porter
le trèfle à 4 feuilles	la chance	le brin de muguet
le fer à cheval	la mascotte	la collection

Unité 14

le fauteuil	l'armoire	le lit
la commode	le canapé	sur
sous	derrière	dans
la chaise	le tapis	la table
le rideau	la fenêtre	la lampe
mettre (je mets, j'ai mis)	oublier (j'oublie, j'ai oublié)	perdre (je perds, j'ai perdu)
trouver (je trouve, j'ai trouvé)		la baguette magique

Unité 15

le manteau	le maillot	la valise
le plan	la casquette	la sandale
la serviette de bain	la mer	la plage
la montagne	la campagne	la ville
emporter	partir	la girafe

Exercices grammaticaux complémentaires

 **Verbes *être* et *avoir* et verbes du 3ᵉ groupe aux 1ʳᵉ et 2ᵉ personnes du singulier**

Regarde l'exemple et complète cette « devinette » !

(être) – Tu es un animal ? – Oui, je suis un animal.

1 (savoir) – Qu'est-ce que tu .... faire ? – Je .... nager.

2 (avoir) – Tu .... un frère ? – Non, je n' .... pas de frère.

3 (pouvoir) – Tu .... sauter ? – Oui, je .... sauter !

4 (mettre) – Tu .... un bonnet ? – Non, je ne .... pas de bonnet.

5 (vouloir) – Tu .... du poisson ? – Oui, je .... du poisson !

6 (être) – Tu .... un dauphin ? – Oui, je .... un dauphin !

Unité 2 — Les verbes pronominaux

Regarde l'exemple et écris !

(se réveiller) *Tu ne te réveilles pas ? Réveille-toi !*

1 (se lever) ....

2 (se laver) ....

3 (se dépêcher) ....

4 (s'habiller) ....

5 (se brosser les dents) ....

6 (aller à l'école) ....

Unité 3 — La préposition à

Complète avec *à*, *au*, *à l'*, *à la* ou *aux* !

1 Je pars .... école .... pied.

2 .... 9 heures, j'ai géographie.

3 On voit quelle heure il est .... Londres.

4 On voit aussi quelle heure il est .... Caire.

5 Après la géographie, on joue .... ballon.

6 Moi, je joue .... billes.

7 Ensuite, on va .... zoo : non ! Je déteste les zoos !

8 Je préfère aller .... piscine !

Unité 4 — Les nombres jusqu'à 100

Regarde l'exemple et écris l'âge des personnages !

Elle a soixante et onze ans

1. ....
2. ....
3. ....
4. ....
5. ....
6. ....
7. ....
8. ....

Unité 5 — Les verbes impersonnels

Regarde l'exemple et écris !

Aujourd'hui, il fait beau.

1. Aujourd'hui, ...
2. Aujourd'hui, ...
3. Aujourd'hui, ...
4. Aujourd'hui, ...
5. Aujourd'hui, ...
6. Aujourd'hui, ...

Unité 6 — Pour exprimer une sensation : *je suis* + adjectif et *j'ai* + nom

Regarde l'exemple et écris !

J'ai chaud.

1 ....

2 ....

3 ....

4 ....

5 ....

6 ....

7 ....

8 ....

Unité 7 — Le futur proche

Regarde l'exemple et complète !

(manger) Aujourd'hui je mange du poulet, mais demain  du poisson !

1 (boire) Aujourd'hui, je bois de l'eau, mais demain .... du coca !

2 (faire) Aujourd'hui, je fais du cheval, mais demain .... du judo !

3 (jouer) Aujourd'hui, je joue au tennis, mais demain .... au foot !

4 (mettre) Aujourd'hui, je mets un tee-shirt, mais demain .... un pull !

5 (prendre) Aujourd'hui, je prends le métro, mais demain .... un taxi !

6 (aller) Aujourd'hui, je vais au musée, mais demain .... au cinéma !

Unité 8 — Il y a

Regarde les exemples et complète !

– Je voudrais **du** poulet, s'il vous plaît ! – Désolé, il n'y a **pas de** poulet !
– Je voudrais **un** gâteau ! – Désolé, il n'y a **pas de** gâteaux !
– Je voudrais **des** crêpes ! – Oui, il y a **des** crêpes !

1 – Je voudrais du poisson ! – Désolé, ... !

2 – Je voudrais de la salade ! – Oui, ... !

3 – Je voudrais des frites ! – Oui, ... !

4 – Je voudrais une tarte ! – Désolé, ... !

5 – Je voudrais une glace ! – Désolé, ... !

6 – Je voudrais de l'eau ! – Oui, ... !

Unité 9 — Les verbes du 1ᵉʳ groupe au pluriel

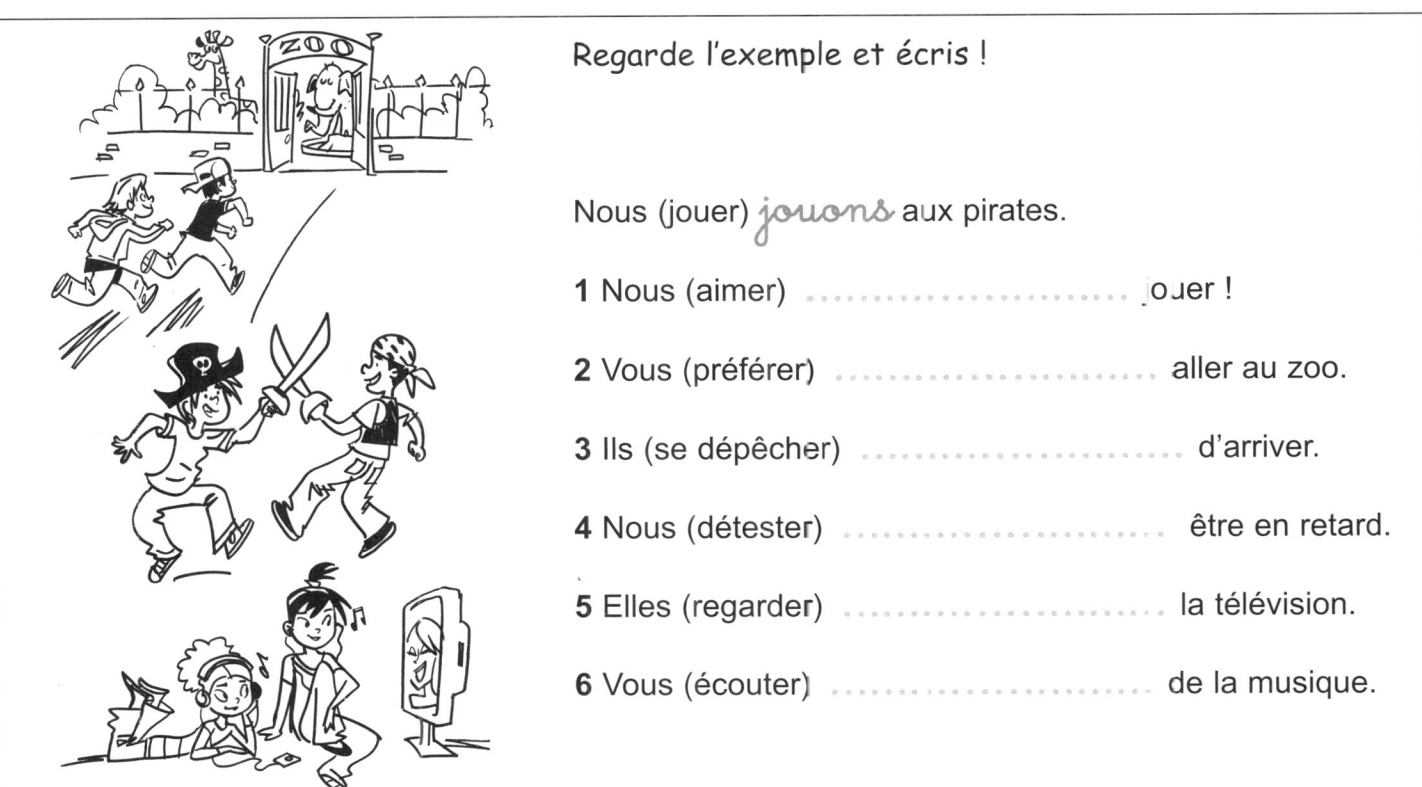

Regarde l'exemple et écris !

Nous (jouer) *jouons* aux pirates.

1 Nous (aimer) .... jouer !

2 Vous (préférer) .... aller au zoo.

3 Ils (se dépêcher) .... d'arriver.

4 Nous (détester) .... être en retard.

5 Elles (regarder) .... la télévision.

6 Vous (écouter) .... de la musique.

Unité 10 — L'article partitif *du*, *de la*, *des* (ou *de* dans la négation)

Complète avec l'article partitif **du**, **de la**, **de l'**, **d'**, **des** ou **de** !

1 Les cerfs mangent .... herbe et .... fruits ; ils ne mangent pas .... viande.

2 Les perruches mangent .... graines et .... salade, mais pas .... fromage.

3 Les écureuils ne mangent pas .... poisson ; ils mangent .... noisettes.

4 Les serpents mangent .... insectes et .... œufs, mais pas .... graines.

5 Les ours mangent .... poisson, ... fruits et .... viande.

6 Les chats mangent .... viande et .... gâteaux ; ils ne mangent pas .... fruits.

7 Les loups ne mangent pas .... enfants ! Ils mangent .... moutons et .... poules.

8 Les lapins mangent .... pommes, ... carottes et .... salade.

Unité 11 — Les négations *ne ... pas*, *ne ... pas de*

Regarde le dialogue et écris un autre dialogue sur ce modèle !

– Il y a un monstre ? – Non, il **n'**y a **pas de** monstre !

– Tu vois un pirate ? – Non, je **ne** vois **pas de** pirate !

– Tu as peur ? – Non, je **n'**ai **pas** peur !

1 – .... ?

2 – .... !

3 – .... ?

4 – .... !

5 – .... ?

6 – .... !

Unité 12 — Les prépositions et adverbes *après, devant, jusqu'à (au, à la), à droite, à gauche, tout droit*

Regarde le plan et complète !

Pour aller au chateau ? Tu vas ....

.... la gare, tu tournes ....

.... le musée, tu tournes ....

Et tu vas .... château !

Unité 13 — Les mots interrogatifs *combien, comment, où, quoi, qu'est-ce que ?*

Complète par un des mots interrogatifs !

1 .... tu t'appelles ?

2 .... tu fais ?

3 .... tu vas aujourd'hui ?

4 De .... tu as peur ?

5 Tu habites .... ?

6 .... tu achètes à la poissonnerie ?

7 Tu as .... de cartes postales ?

8 Tu vas .... en vacances ?

Unité 14 — Le passé composé : sensibilisation

Regarde bien les exemples et réponds !

– Tu **as oublié** tes lunettes ? – Non, j'**ai mis** mes lunettes dans mon sac !

– Tu **as perdu** ton livre ? – Non, j'**ai trouvé** mon livre sous la chaise !

1 Comment est-ce qu'on forme le passé composé dans ces phrases ?

  a) Avec l'auxiliaire *avoir* conjugué et le verbe à l'infinitif. ☐

  b) Avec l'auxiliaire *avoir* conjugué et le verbe au participe passé ☐

2 Sur le modèle des exemples, écris une question et sa réponse !

– .... ?

– .... !

Unité 15 — Des verbes irréguliers : *faire, partir, pouvoir, savoir, venir, vouloir*

Complète chaque phrase par un des verbes !

1 Qu'est-ce que vous .... pour les vacances ?

2 – Nous .... à la montagne.

3 – Vous .... faire du ski ?

4 – Non, nous ne .... pas skier.

5 – Vous .... apprendre !

6 – Nous .... marcher en forêt.

faire	savoir
je fais	je sais
tu fais	tu sais
il / elle / on fait	il / elle / on sait
nous faisons	nous savons
vous faites	vous savez
ils / elles font	ils / elles savent

partir	venir
je pars	je viens
tu pars	tu viens
il / elle / on part	il / elle / on vient
nous partons	nous venons
vous partez	vous venez
ils / elles partent	ils / elles viennent

pouvoir	vouloir
je peux	je veux
tu peux	tu veux
il / elle / on peut	il / elle / on veut
nous pouvons	nous voulons
vous pouvez	vous voulez
ils / elles peuvent	ils / elles veulent

On s'entraîne pour le DELF Prim A1.2 !

Nom : .... Prénom : ....

Unités 1 à 5 **1**

Compréhension de l'oral (25 points)

Activité 1 (8 points)

Regarde d'abord les dessins ! Puis écoute les dialogues et dessine un ☺ (bof), un ☺ (j'aime), un ☹ (je n'aime pas) ou un 💣 (je déteste) sous les images ! Tu as deux écoutes !

 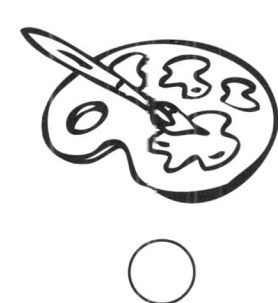  

○   ○   ○   ○

Activité 2 (9 points)

Écoute les annonces à la gare ! Complète les horaires et écris le numéro des voies !
Tu as deux écoutes !

Exemple :	1	2	3	4
7: 25 - Voie 1	7: .... - Voie	8: .... - Voie	8: .... - Voie	8: .... - Voie ....
5	6	7	8	9
8: .... - Voie	9: .... - Voie	9: .... - Voie	9: .... - Voie	10: .... - Voie ....

Activité 3 (8 points)

Regarde d'abord les dessins ! Puis écoute la météo à la radio et coche la bonne case !
Tu as deux écoutes !

Aujourd'hui...
☐   ☐   ☐

Demain...
☐   ☐   ☐

Compréhension des écrits (25 points)

Activité 1 (6 points)

Lis la lettre ! À qui correspondent les images 1 à 6 ? à Latika ? à Enzo ? à Latika et Enzo ?
Exemple 1 = Enzo

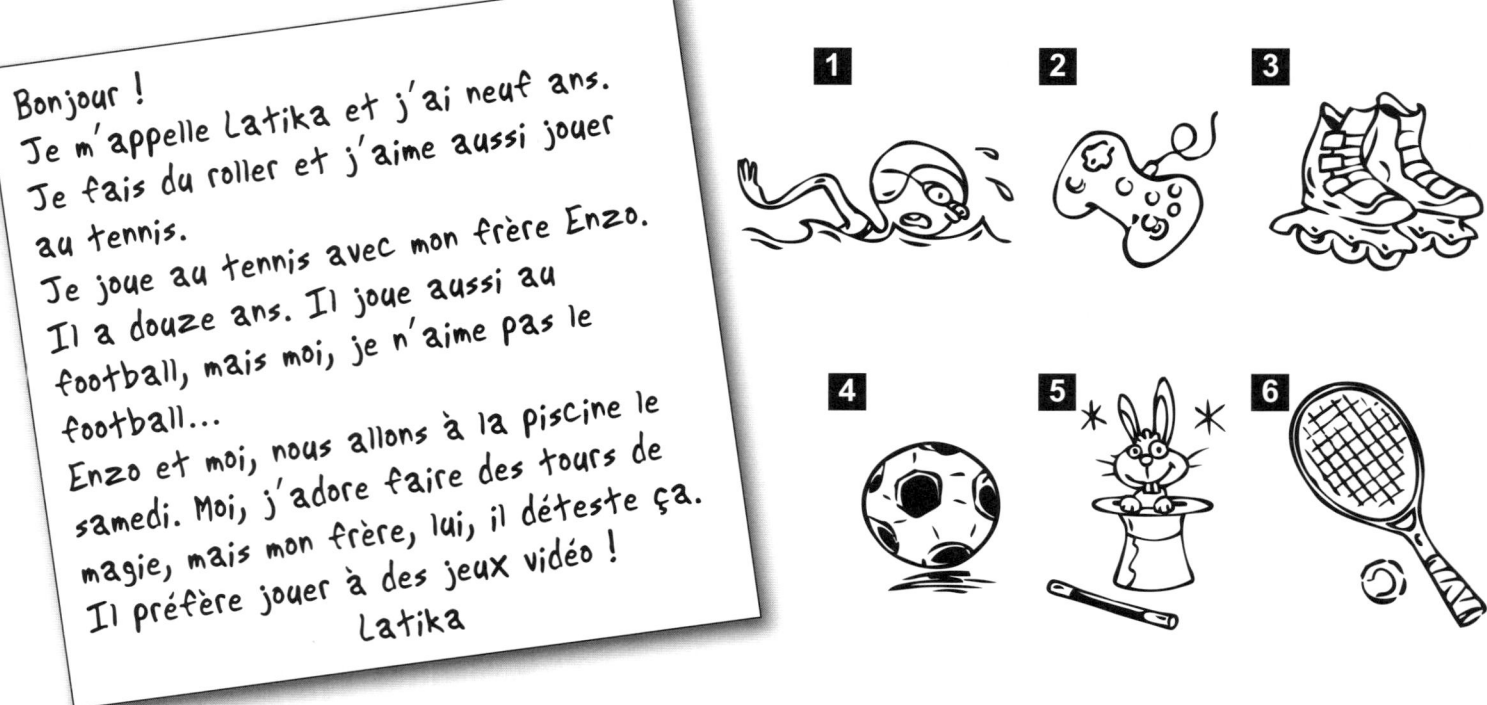

Bonjour !
Je m'appelle Latika et j'ai neuf ans.
Je fais du roller et j'aime aussi jouer au tennis.
Je joue au tennis avec mon frère Enzo.
Il a douze ans. Il joue aussi au football, mais moi, je n'aime pas le football...
Enzo et moi, nous allons à la piscine le samedi. Moi, j'adore faire des tours de magie, mais mon frère, lui, il déteste ça.
Il préfère jouer à des jeux vidéo !
Latika

Activité 2 (6 points)

Lis le texte et reporte les prénoms qui manquent dans l'arbre généalogique !

Le prince Guillaume est le fils du roi Louis et de la reine Marguerite. Guillaume a une sœur, Jeanne et un frère Richard. Il a aussi une tante : elle s'appelle Alix. C'est la sœur de Marguerite. Alix et Marguerite sont les filles du roi Jean et de la reine Isabelle. Robert et Éléonore ont deux fils : Louis et Jacques. Jacques est donc l'oncle de Guillaume !

Prénoms à reporter : Alix, Guillaume, Isabelle, Jeanne, Louis, Robert.

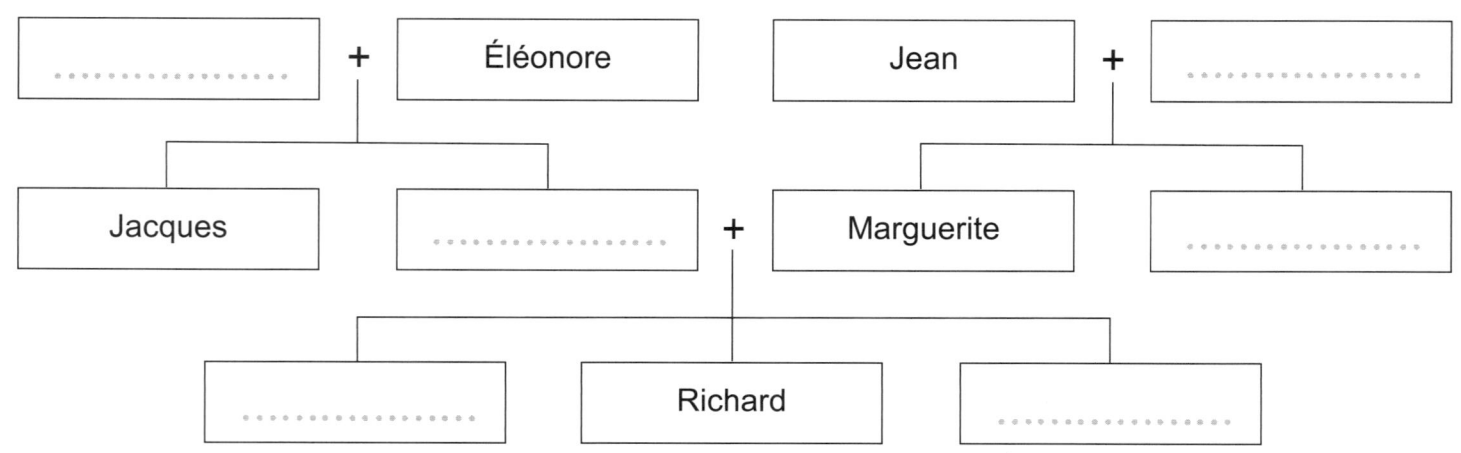

Activité 3 (7 points)

Regarde l'exemple, lis les phrases et écris les horaires dans le tableau d'affichage des vols !

Le vol pour Calcutta est à huit heures vingt.
1 Le vol pour Moscou est à neuf heures moins le quart.
2 Le vol pour Londres est à neuf heures et quart.
3 Le vol pour Le Caire est à huit heures et demie.
4 Le vol pour Oslo est à dix heures dix.
5 Le vol pour Sydney est à neuf heures moins dix.
6 Le vol pour Rio de Janeiro est à onze heures moins vingt.
7 Le vol pour Pékin est à neuf heures trente-cinq.

Vols pour	
Calcutta	8:20
Le Caire	....
Moscou	....
Sydney	....

Vols pour	
Londres	....
Pékin	....
Oslo	....
Rio de Janeiro	....

Activité 4 (6 points)

Lis la lettre de Nadir puis coche la case « vrai », « faux » ou « ? » (je ne sais pas) !

> Bonjour !
> Ça va bien à l'école ? Moi, je suis fort en sport et en histoire, j'adore ! J'ai une sœur, Djamila : elle est forte en sport mais en histoire, bof... On part à l'école à huit heures et quart avec ma tante Samia. On va à l'école en bus, ma tante n'aime pas marcher. Djamila et moi, on mange à la cantine : ça va.
> Le dimanche avec mon oncle, je fais du football. Mon oncle adore le foot. Ma mère est née en février et mon père est né en juillet. Moi ? Je suis né en septembre et Djamila, elle est née en février, comme ma mère ! Bon, je vais au foot. Oh là là, il pleut ! À plus tard.
> Nadir

1 Nadir a une tante. ☐ vrai ☐ faux ☐ ?   **4** Sa sœur est née en février. ☐ vrai ☐ faux ☐ ?

2 Samia est forte en sport. ☐ vrai ☐ faux ☐ ?   **5** Sa tante est née en avril. ☐ vrai ☐ faux ☐ ?

3 Nadir n'aime pas la cantine. ☐ vrai ☐ faux ☐ ?   **6** Aujourd'hui, il fait beau. ☐ vrai ☐ faux ☐ ?

Production écrite (25 points)

Activité 1 (16 points)

Tu écris un message en français à un(e) ami(e) et tu lui dis tout ce que tu aimes et ce que tu n'aimes pas (animaux, couleurs, nourriture et boissons, activités, matières scolaires) !

À : Mon ami(e)

Objet : Message

Salut, ça va ?

Moi, j'aime ....

....

....

....

Et toi ? Qu'est-ce que tu aimes ? Qu'est-ce que tu aimes faire ?

....

Activité 2 (9 points)

Regarde les images et écris les bulletins météo !

1 Aujourd'hui ....

2 Demain ....

3 Aujourd'hui ....

4 Demain ....

5 Aujourd'hui ....

6 Demain ....

Production orale (25 points)

Activité 1 (9 points)

Parle de ton emploi du temps !

> Tu vas à l'école à quelle heure ?
>
> Décris ton emploi du temps d'aujourd'hui !
>
> Tu préfères quelle(s) matière(s) ? Tu n'aimes pas quelle(s) matière(s) ?

Activité 2 (8 points)

Présente-toi et présente ta famille !

> Tu as quel âge ? Tu es née quand ?
>
> Comment s'appelle ton père ? Il est né quand ? Comment s'appelle ta mère ? Elle est née quand ?
>
> Tu as un oncle ? une tante ? etc.

Activité 3 (8 points)

Demande à ton petit frère ou à ta petite sœur (imaginaire) de se préparer pour aller à l'école !

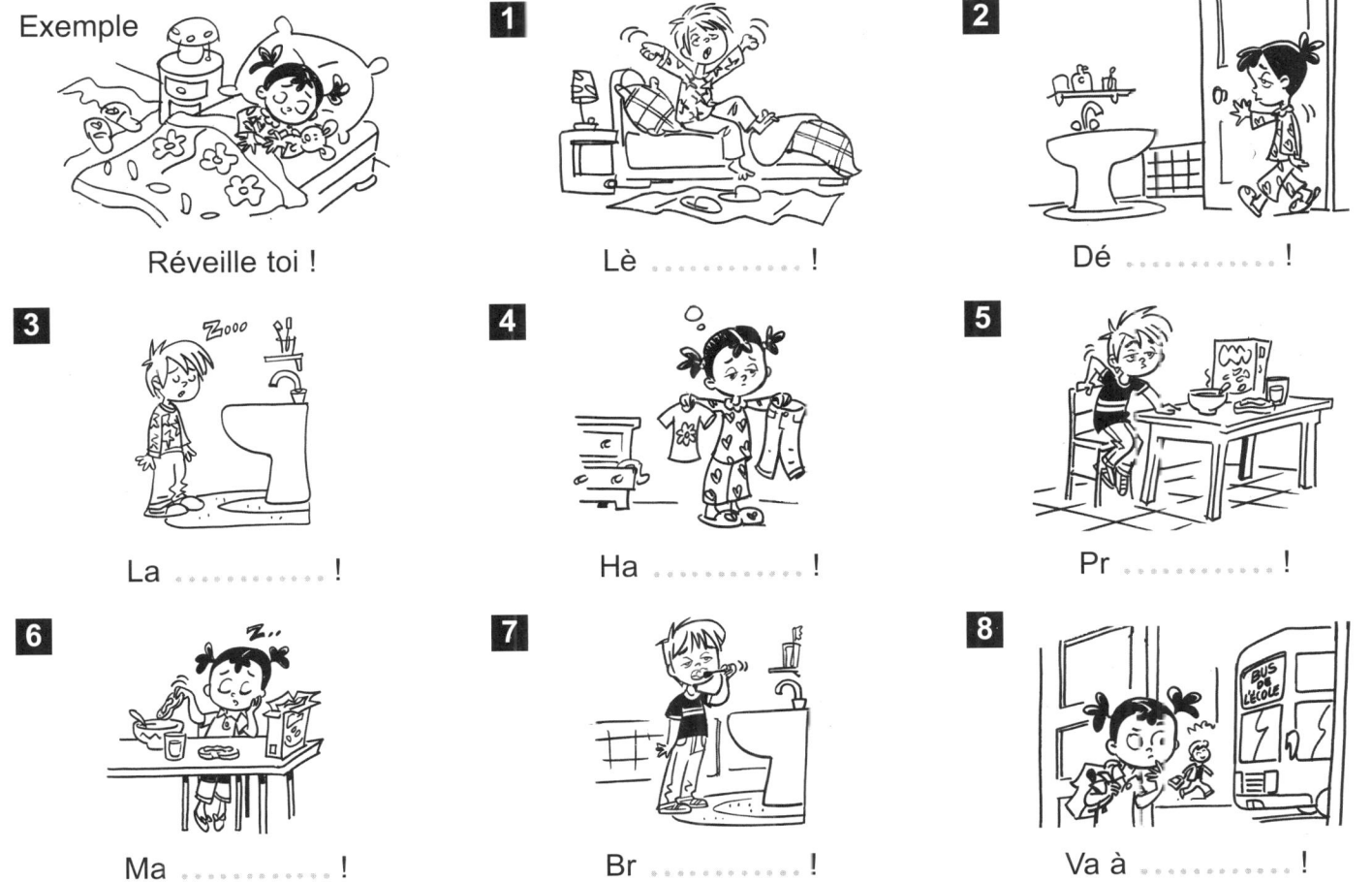

Exemple — Réveille toi !

1. Lè .... !
2. Dé .... !
3. La .... !
4. Ha .... !
5. Pr .... !
6. Ma .... !
7. Br .... !
8. Va à .... !

On s'entraîne pour le DELF Prim A1.2 !

Nom : .... Prénom : ....

Unités 6 à 10 2

Compréhension de l'oral (25 points)

Activité 1 (6 points)

Ecoute Justine téléphoner au médecin. Où est-ce qu'elle a mal ? Coche les bonnes cases ! Tu as deux écoutes !

Activité 2 (8 points)

Tu es serveur ou serveuse dans un restaurant. On te passe une commande. Coche les bonnes cases sur le menu ! Tu as deux écoutes !

∽ MENU ∾

Activité 3 (11 points)

Regarde l'exemple, écoute les bonnes résolutions de Jules et écris + ou — ! Tu as deux écoutes !

Je vais dormir —.	1 Je vais bouger	2 Je vais courir ....
3 Je vais danser	4 Je vais manger .... de poisson.	5 Je vais manger .... de frites.
6 Je vais boire .... d'eau.	7 Je vais boire .... de coca.	8 Je vais .... regarder la télé.
9 Je vais .... dessiner.	10 Je vais .... écouter à l'école.	11 Je vais rêver .... en français !

Compréhension des écrits (25 points)

Activité 1 (6 points)

Lis la recette et souligne les six intrus (mots ou phrases) !

Recette du gâteau au chocolat

Ingrédients pour quatre personnes : 50 grammes de farine, 150 grammes de sucre, 3 tomates, 100 grammes de beurre, quatre œufs, un bœuf et 125 grammes de chocolat.

Mettez la farine dans une terrine et faites un trou (un puits) au centre. Ajoutez le sucre et les œufs. Mangez le bœuf. Mélangez. Faites fondre le chocolat et le beurre dans une casserole. Versez le chocolat et le beurre dans la terrine. Jonglez avec le chocolat et le beurre. Mélangez pendant dix minutes. Secouez les mains. Versez dans un moule et faites cuire au four (200°C) pendant trente minutes. Sautez sur un pied. Bon appétit !

Activité 2 (6 points)

Lis le dialogue entre Camille et Valentin et réponds aux questions !

> *Valentin* : Bonjour ! Ça va Camille ?
> *Camille* : Non, ça ne va pas.
> *Valentin* : Qu'est-ce que tu as ? Tu es fâchée ?
> *Camille* : Non, j'ai mal à la gorge et j'ai mal à la tête : j'ai froid !
> *Valentin* : Prends mon pull !
> *Camille* : Merci ! Mais… j'ai encore froid !
> *Valentin* : Prends ma veste !
> *Camille* : Merci ! Mais… j'ai encore froid !
> *Valentin* : Prends mon bonnet !
> *Camille* : Merci !
> *Valentin* : Alors, ça va ?
> *Camille* : Ouh là là ! Maintenant, j'ai chaud !

1 Camille est fâchée, malade, triste ? ....

2 Qu'est-ce qu'elle a ? ....

3 Pourquoi ? ....

4 Qu'est-ce qu'elle met ? ....

5 Elle boit un chocolat ? ....

6 Et maintenant, ça va bien ? ....

Activité 3 (6 points)

Lis bien les informations sur ce site, puis coche la case « vrai » ou « faux » !

maplanete.com

| Accueil | Documentation | Concours | Contact | Actions |

Les animaux menacés

L'ours blanc est sur la liste rouge des espèces menacées au Canada, aux États-Unis (en Alaska), au Danemark, (au Groenland), en Norvège et en Russie (en Sibérie).

Le tigre est menacé en Inde, au Cambodge, en Indonésie, en Sibérie ou en Chine.

Le loup et l'ours brun sont menacés en France.

La tortue-luth est menacée en France (en Guyane) ou au Mexique.

Il n'y a plus de dauphins d'eau douce en Chine…

1 C'est un site sur les animaux menacés dans le monde. ☐ vrai ☐ faux
2 L'ours blanc vit en Chine. ☐ vrai ☐ faux
3 En Chine, il y a aussi des dauphins d'eau douce. ☐ vrai ☐ faux
4 Le tigre vit au Mexique. ☐ vrai ☐ faux
5 Parmi les animaux menacés en France, il y a le loup et la tortue-luth. ☐ vrai ☐ faux
6 En Sibérie, l'ours blanc et le tigre sont menacés. ☐ vrai ☐ faux

Activité 4 (7 points)

Lis et écris de quel animal il s'agit !

1 Elle vit à la ferme, elle mange des graines et donne des œufs. C'est la ....

2 Il est roux et vit dans la forêt. Il mange des poules et des souris. C'est le ....

3 Il est gris et vit à la ferme. Il mange des pommes et des carottes. C'est ....

4 Il vit dans la forêt et il est roux. Il mange des noisettes. C'est ....

5 Elle est verte ou marron. Elle mange de la salade et de l'herbe. C'est ....

6 Il vit dans la forêt et il est gris. Il mange des moutons. C'est ....

7 Il est blanc, gris ou marron. Il vit à la ferme et il mange de la salade. C'est ....

Production écrite (25 points)

Activité 1 (16 points)

Tu décris en français à un(e) ami(e) ton animal, ta couleur, ta nourriture, ta boisson, ta matière scolaire, ton activité, ton jour de la semaine et ta météo préférés !

> Bonjour !
> Comment ça va ? Mon animal préféré, c'est ....
> Ma couleur préférée, c'est ....
> ....
> ....
> ....
> ....
> ....
> Écris-moi, vite ! Au revoir !

Activité 2 (9 points)

Regarde les images et écris ce que le garçon ou la fille va apprendre à faire !

1 Il va apprendre à ....

2 Elle ....

3 ....

4 ....

5 ....

6 ....

Production orale (25 points)

Activité 1 (6 points)

C'est la nouvelle année : tu prends six bonnes résolutions !

> Qu'est-ce que tu vas faire cette année ?
>
> Tu vas lire plus ?
>
> Tu vas jouer moins aux jeux vidéo ? etc.

Activité 2 (7 points)

Tu es médecin ! Tu poses sept questions à ton patient !

> Vous êtes fatigué ?
>
> Vous avez mal à la tête ?
>
> Vous avez mal à la gorge ? etc.

Activité 3 (12 points)

Tu es en France avec tes parents. Au restaurant, tu passes ta commande pour toi et tes parents : un plat principal, un accompagnement, un dessert et une boisson pour chaque personne ! Aide-toi des illustrations !

> Bonjour ! S'il vous plaît, je voudrais ... et ...
>
> Pour le dessert ...
>
> Comme boisson ...
>
> Merci !

On s'entraîne pour le DELF Prim A1.2 !

Nom : .... Prénom : .... **Unités 11 à 15 3**

Compréhension de l'oral (25 points)

Activité 1 (8 points)

Écoute Ambre ! Elle a quels meubles dans sa chambre ? Coche les bonnes cases ! Tu as deux écoutes !

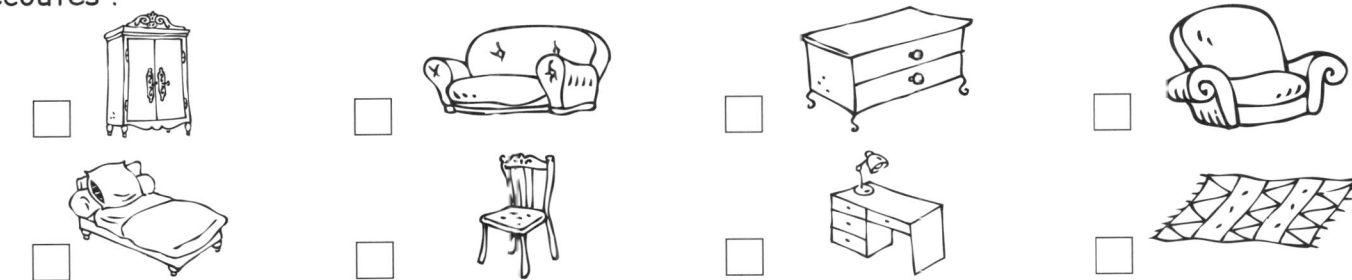

Activité 2 (8 points)

Orlando a un GPS sur son vélo. Écoute : il y a deux itinéraires. Indique où Orlando est arrivé à chaque fois ! Tu as deux écoutes !

Itinéraire 1 : Orlando est arrivé à ....

Itinéraire 2 : Orlando est arrivé à ....

Activité 3 (9 points)

Écoute **Dan**, **Olivia** et **Max** et écris leur prénom sous les dessins ! Tu as deux écoutes !

....

Compréhension des écrits (25 points)

Activité 1 (6 points)

Lis la lettre de Raphaël puis coche la case « vrai », « faux » ou « ? » (je ne sais pas) !

> Bonjour à tous !
> Dans mon quartier, il y a une poste, une poissonnerie et une piscine. C'est pratique : la piscine est à côté de chez moi et j'y vais le mardi et le jeudi, après l'école. Dans mon quartier, il n'y a pas de boulangerie, il n'y a pas non plus de cinéma, ni de musée. Pour le cinéma, ça ne fait rien. Je préfère regarder la télé ou voir des DVD. Mais pour le musée, c'est dommage : je voudrais voir des expositions sur les momies, les dragons ou les pirates, ils sont super !
> Salut ! Raphaël

1 Raphaël ne peut pas acheter de pain dans son quartier. ☐ vrai ☐ faux ☐ ?
2 Il va nager le mardi et le jeudi. ☐ vrai ☐ faux ☐ ?
3 Il y a un cinéma à côté de chez lui. ☐ vrai ☐ faux ☐ ?
4 Il n'aime pas regarder des DVD à la maison. ☐ vrai ☐ faux ☐ ?
5 Il collectionne les timbres. ☐ vrai ☐ faux ☐ ?
6 Il a peur des momies ou des dragons : ils sont dégoûtants ! ☐ vrai ☐ faux ☐ ?

Activité 2 (6 points)

La chasse au trésor : Décode les six mots secrets et écris-les !

Tu es dans la forêt. Tu vas à droite jusqu'au château du ⬚⬚⬚⬚⬚⬚⬚.

Entre dans le château. Tu as peur ? Le ⬚⬚⬚⬚⬚⬚ arrive ! Vite,

sors du château ! Va tout droit jusqu'à la grotte des ⬚⬚⬚⬚⬚⬚⬚⬚⬚.

Entre dans la grotte. Les ⬚⬚⬚⬚⬚⬚⬚⬚ sont parties au bal.

Le ⬚⬚⬚⬚⬚⬚ ? Il est dans la ⬚⬚⬚⬚⬚⬚⬚ :

c'est un ⬚⬚⬚⬚⬚⬚ au ⬚⬚⬚⬚⬚⬚⬚⬚⬚ !

A :	N :
B :	O :
C :	P :
D :	Q :
E :	R :
F :	S :
G :	T :
H :	U :
I :	V :
J :	W :
K :	X :
L :	Y :
M :	Z :

1 .... 4 ....
2 .... 5 ....
3 .... 6 ....

Activité 3 (6 points)

Lis la description de Julie et dessine sa chambre !

Je m'appelle Julie et j'ai 9 ans. J'ai une grande chambre. Mon lit est sous la fenêtre. Devant mon lit, il y a un tapis. À gauche de la fenêtre, il y a mon armoire. Devant l'armoire, j'ai un bureau et une chaise. Sur mon bureau, il y a une petite lampe. Il y a aussi deux livres, une trousse et ma mascotte : c'est un ours en peluche ! À côté de mon bureau, il y a une commode et, sur la commode, il y a ma photo !

Activité 4 (7 points)

Tu cherches un(e) correspondant(e) ! Écris un prénom à chaque fois : **Clara**, **Axel** ou **Fanny** !

Moi, pendant les vacances, je fais du cheval en forêt. J'habite à la campagne, dans une ferme : il y a des ânes, des vaches et des chevaux. J'ai une super collection de fers à cheval !
   Clara

J'habite à côté de la gare. J'adore les trains. Je collectionne des timbres et des cartes postales avec des trains. Pour voyager, je prends le train. J'ai peur en bus, je suis malade en voiture et je n'aime pas le bateau !
   Axel

Je vis au bord de la mer. Je fais de la voile, je cours sur la plage, je nage et je fais de l'escalade au bord des falaises. Je collectionne les étoiles de mer et j'aime beaucoup le poisson !
   Fanny

1 Tu collectionnes les timbres. Tu vas correspondre avec ....

2 Tu aimes faire du bateau. Tu vas correspondre avec ....

3 Tu as peur des vaches. Tu ne vas pas correspondre avec ....

4 Tu aimes bien nager. Tu vas correspondre avec ....

5 Tu aimes prendre le train. Tu vas correspondre avec ....

6 Tu n'aimes pas les porte-bonheur. Tu ne vas pas correspondre avec ....

7 Tu n'as pas peur de faire de l'escalade. Tu vas correspondre avec ....

Production écrite (25 points)

Activité 1 (16 points)

Tu décris sur Internet une visite de ta ville, de ton village ou de ton quartier !

http://www.monblog.com

Voici ma ville, mon village, mon quartier !

Il y a ....

À côté, il y a ....

....

....

....

....

Activité 2 (9 points)

Complète !

1 J'ai peur des ....

2 J'ai peur ....

3 J'ai ....

4 ....

5 ....

6 ....

7 ....

8 ....

9 ....

Production orale (25 points)

Activité 1 (8 points)

Décris ta chambre (ou bien la pièce où tu dors) !

> Cette pièce est grande ? petite ?
> Il y a un lit ? une armoire ? une table ? etc.
> Où est le lit ? devant la fenêtre ? à côté de l'armoire ?
> Qu'est-ce que tu fais dans ta chambre ?
> Tu regardes la télévision ? Tu travailles ? Tu dessines ? Tu fais du sport ?
> Tu lis ? Tu rêves ? etc.

Activité 2 (6 points)

Tu fais ta valise pour aller à la mer : dis tout ce que tu veux emporter !

> Tu emportes un manteau ? une veste ? des bottes ?
> Tu emportes des lunettes de soleil ?
> Tu emportes des livres ? etc.

Activité 3 (11 points)

Dis tout ce que tu vas faire pendant les vacances et explique pourquoi !

> Tu vas partir à la mer ?
> Tu vas aller à la montagne ?
> Tu vas aller à la campagne ?
> Tu vas rester à la maison ?
> Tu vas aller au cinéma ?
> Tu vas nager ?
> Tu vas aller au zoo ?
> Tu vas voir un musée ?
> Tu vas faire la cuisine ?
> Tu vas écrire un journal ?
> Tu vas faire un concours de danse ou de magie ?
> Tu vas parler français ? etc.

Édition : Martine Ollivier, Virginie Poitrasson
Couverture : Fernando San Martin
Illustration de couverture : Jean-Claude Bauer

Maquette intérieure : Planète Publicité, A.M.G.
Illustrations : Jean-Claude Bauer
　　　　　　　Nathanaël Bronn
　　　　　　　Volker Theinhardt, Xavier Husson, Isabelle Rifaux

Recherche iconographique : Nadine Gudimard
Crédits photos : p.58g : Hoa Qui/S. Grandadam - p.58mh : Hoa Qui/M. Renaudeau - p.58mb : Hoa Qui/M. Renaudeau - p.58d : Hoa Qui/J.F. Lanzarone

Imprimé en France en mars 2025 par la Nouvelle Imprimerie Laballery 58500 Clamecy
N° de projet : 10307966 - Dépôt légal : avril 2019 - N° d'impression : 502056
contact@cle-inter.com